falter 43

Wolfgang Held

Alles ist Zahl

Was uns die Zahlen 1 bis 31 erzählen

Verlag Freies Geistesleben

Georg Glöckler gewidmet,
der meine Liebe zu den Zahlen weckte.

3. Auflage 2017

ⓔ auch als eBook erhältlich

Verlag Freies Geistesleben
Landhausstraße 82, 70190 Stuttgart
www.geistesleben.com

ISBN 978-3-7725-2543-8

© 2011 Verlag Freies Geistesleben
& Urachhaus GmbH, Stuttgart
Layout: Maria A. Kafitz
Satz: Bianca Bonfert
Umschlagfoto: vario images
Druck und Bindung: GGP Media GmbH, Pößneck
Printed in Germany

Inhalt

Einleitung
neun

1 – die Zahl des Ganzen
neunzehn

2 – die Zahl zwischen Zweifel und Spannung
fünfundzwanzig

3 – die Königin der Zahlen
einunddreißig

4 – die Zahl der Erde
siebenunddreißig

5 – die Zahl des Menschen
dreiundvierzig

6 – die Zahl der Vollkommenheit
neunundvierzig

7 – die Zahl der Zeit
fünfundfünfzig

8 – die neue Zahl
   einundsechzig

9 – die Zahl nahe dem Vollkommenen
   siebenundsechzig

10 – der Griff der Welt
   dreiundsiebzig

11 – Krise und Brücke
   neunundsiebzig

12 – die Zahl der ganzen Welt
   siebenundachtzig

13 – der Schritt ins Ungewisse
   dreiundneunzig

14 – Brücke zwischen Himmel und Erde
   neunundneunzig

15 – die verkannte Zahl
   einhundertfünf

16 – die Ordnung der Welt
   einhundertelf

17 – die schönste Zahl
   einhundertsiebzehn

18 – des Lebens Fülle
   einhundertdreiundzwanzig

19 – die Zahl der neuen Geburt
   einhundertneunundzwanzig

20 – Raum und Mensch
   einhundertfünfunddreißig

21 – die Zahl zwischen Ewigkeit und Zeitlichkeit
   einhunderteinundvierzig

22 – die Zahl der Sonne
   einhundertsiebenundvierzig

23 – die Zahl der Ordnung des menschlichen Lebens
   einhundertdreiundfünfzig

24 – die Zahl, die alle umschließt
   einhundertneunundfünfzig

25 – bei sich und über sich hinaus
   einhundertfünfundsechzig

26 – die Zahl der Schrift
    einhunderteinundsiebzig

27 – die Zahl des Raumes
    einhundertsiebenundsiebzig

28 – die Zahl des Mondes
    einhundertdreiundachtzig

29 – Brücke zum Höheren
    einhundertneunundachtzig

30 – der große Kreis
    einhundertfünfundneunzig

31 – die Zahl der Vermittlung
    zweihunderteins

Weiterführende Literatur
zweihundertsechs

Einleitung

Die ganzen Zahlen hat der liebe Gott gemacht, alles andere ist Menschenwerk.

Leopold Kronecker

Rede am Berliner Treffen der Gesellschaft deutscher Wissenschaftler und Ärzte 1886, publiziert im Jahresbericht der Deutschen Mathematiker-Vereinigung 1893

Eine Sonne, zwei Eltern, drei Mahlzeiten, vier Jahreszeiten oder fünf Finger an der Hand: Schon früh entdeckt man, dass die meisten Dinge im Leben in einer besonderen Zahl bestehen, einer Zahl, die viel mehr als bloße Anzahl und Summe ist, sondern die etwas über das Wesen auszusagen vermag. So scheint die eine Sonne auf jeden Menschen und spiegelt damit die Gewissheit, dass es eine Welt ist, ein Ganzes, eine Einheit, in der sie scheint. Es führen zwei Menschen ins Leben, ein Leben, das überall die Zwei parat hält, wie oben und unten, gut und böse, vorwärts oder rückwärts, schlafen und wachen oder Licht und Finsternis oder Freiheit und Zwang. Von den sieben Zwergen und gleich viel Tönen oder den 23 Chromosomen über die 32 Kristallklassen der Mineralogie bis zu den 153 Fischen, die die Jünger im Neuen Testament aus dem See Tiberias ziehen, erzählen Zahlen in Natur, Kultur und Religion etwas über das, was die Dinge ausmacht, etwas über die Innenseite der Welt. Doch seitdem die Zahlen eine Uhrzeit beschreiben, eine Entfernung meinen oder auf dem Kontoauszug, einem Preisschild stehen, hat Platons Satz, dass die Welt in mathematischer Sprache gedacht sei, einen ganz anderen Klang bekommen, als der griechische Philosoph das meinte. An Platons Satz ist das Glaubensbekenntnis der modernen Naturwissenschaft getreten, wie es Galileo Galilei formuliert hat: «Naturwissenschaft ist, was berechenbar ist – und was nicht berechenbar ist, muss berechenbar gemacht werden.»

Vom Wieviel zum Warum

Das Messen- und Zählenkönnen beantwortet das «Wieviel», hilft die Welt zu ordnen, sie in einem System zu fassen und in ihr zu planen und zu bauen, gibt aber keine Antwort auf das «Warum». Es hilft kaum, die Welt und den in ihr wohnenden Sinn zu verstehen. Der Schweizer Philosoph Karl Barth unterschied zwei Formen des Wissens: Dass man weiß, dass Aluminium Wärme und Strom leitet, dies aber weniger effizient leitet als Kupfer, oder dass man den ATP-Stoffwechsel in der Zelle versteht und die Festigkeit der Metalle zu ordnen weiß – all das ist die Grundlage, um Maschinen, um Medikamente herzustellen. Es ist «Verfügungswissen», weil es die Welt und ihren unermesslichen Reichtum an Dingen und Wesen verfügbar macht. Dieses Wissen ist das Werkzeug, um den Satz des Alten Testamentes «Macht euch die Erde untertan» in einem Maß auszuschöpfen und dabei zugleich misszuverstehen, wie es keine andere Zeit getan hat. Doch es gibt noch ein anderes Wissen, das zwar auch die Dinge der Welt zählt, aber nicht um deren Anzahl willen, sondern um des Wesens willen. Dieses Wissen, das Barth das «Orientierungswissen» nennt, schenkt keine Macht, sondern Beziehung, es verleiht keine Dominanz, sondern Teilnahme und immer wieder die Empfindung, mit der jede Philosophie beginnt: staunen. Man staunt, dass es sieben Weltmeere sind wie auch sieben Farben, Töne und Öffnungen am Kopf, und aus diesem sich wiederholenden Zahlenphänomen formt sich ein Bild, schält sich Schritt für Schritt der Wesenszug einer Zahl heraus. Das Wesen lässt sich – so ist seine Natur – nicht beweisen, es lässt sich aufspüren. Für diese Spurensuche kommen in dieser Schrift Mathematik, die Naturwissenschaften, aber auch Kultur und Religion miteinander ins Gespräch. Es gehört zum Rätsel der Zahlen, dass ihr Wesenszug sich gerade durch den mathematisch-kulturellen Brückenschlag zeigt. So ist die Vollkommenheit der 6 sowohl in der babylonischen Kosmologie und Religion zu finden als auch in der Arithmetik.

Das Datum bestimmt die Grenze

Als ich mit diesen kleinen Monografien zu den Zahlen begann, reichte mein Blick bis zur 12 oder zur 17. Ich wusste, dass der Mensch 24 Rippen besitzt und 28 eine vollkommene Zahl ist, aber gleichwohl befürchtete ich, dass es jenseits der 20 kaum möglich sei, nach der Persönlichkeit der Zahlen zu schürfen. Umso erstaunter und nachdenklicher wurde ich, als sich mir zeigte, dass selbst eine Zahl wie 29 oder 31 ihre Besonderheit besitzt, die sie allen anderen Zahlen gegenüber auszeichnet. Doch wo hört man auf? Natürlich gibt es auch größere interessante Zahlen, die wie Berge aus der Landschaft der Zahlen herausragen, wie 33, die Zahl der Sonne und des Christuslebens, oder die Zahl 257, ein Primzahlvieleck, das sich konstruieren lässt, oder Platons befreundete Zahlen 220 und 284. In diesem Buch bildet der Mensch bzw. die Kalenderrechnung die Grenze. Durch das Geburtstagsdatum hat jeder Mensch eine besondere Beziehung zu einer Zahl, und diese Zahlenbeziehungen reichen bis 31.

Die 31 Beschreibungen, die von 1 bis 24 bereits in der Zeitschrift *a tempo* erschienen sind, sind Exkursionen in das Reich der Zahlen und ihrem typischen Ort im Naturreich und in der Kultur, um dadurch etwas von Platons Ausruf: «Die Götter geometrisieren» neu verstehen zu lernen.

Der geistige Rang der Zahlen

Während ein Kind zum Schreiben geführt werden muss, die Buchstaben ihm gezeigt werden müssen, ist es mit dem Zählen anders: Intuitiv beginnen Kinder die Fugen der Gehwegplatten rhythmisch zu laufen und dabei Zahlen zu flüstern. Später entdeckt man, dass es kaum ein Feld der Wirklichkeit gibt, in dem die Zahlen nicht hinzugehören. Sie ordnen die Natur, von der Anordnung der Blütenblätter bei Rose und Lilie bis hinauf zu den Planeten, wo die Fünf zur Venus gehört, weil sie mit der Erde ein Pentagramm an den Himmel zeichnet, und die Zwölf zum Jupiter, weil der Planetenriese zwölf Jahre durch den Tierkreis zieht und zwölf mal so groß wie die Erde ist. Während Naturkonstanten wie die Eulerzahl e mit 2,71828... und die Zahl des Goldenen Schnittes g = 0,61803... und auch die Kreiszahl Pi (π) mit 3,14159... irrational sind, das heißt eine nicht enden wollende Ziffernfolge besitzen, haben die natürlichen Zahlen, um die es hier geht, eine Einfachheit, die wohl durch nichts zu überbieten ist. Es ist diese Einfachheit, die den hohen geistigen Rang der Zahlen kennzeichnet. Rudolf Steiner nimmt noch einen anderen Zug der Zahlen ins Auge, um ihren geistigen Wert zu fassen. Er erinnert an die Tatsache, dass man mit Zahlen alles anstellen kann, was man möchte. Obgleich sie dazu dienen, das spirituell Höchste zu beschreiben, sei es als die Dreifaltigkeit des Christentums, die drei Götter Vishnu, Schiva und Brahma der Inder, dienen sie auch für jede noch so profane oder sogar zerstörerische Rechnung. Es sei, so Rudolf Steiner, gerade diese Selbstlosigkeit der Zahlen, die sie – oder vielmehr den Geist, der die Zahlen als Schatten wirft – in hohe geistige Sphären rückt.

Dieses Buch ist eine zweifellos unvollständige Spurensuche dieses Schattenwurfs aus der Region des Ewigen, um es im Sinne Platons zu beschreiben. Das Unvollständige lädt dazu ein, es zu ergänzen, selbst in Natur und Kultur Zahlenphänomene zu entdecken. Solche Entdeckungen wünsche ich jedem Leser und etwas von der Begeisterung und dem Staunen, das die Zahlen zu entfachen vermögen, um Pythagoras zu folgen, wenn er sagt: «Die Zahlen sind das Wesen aller Dinge.»

Dornach / Schweiz   *Wolfgang Held*

Gottfried Wilhelm Leibniz
Johann Pachelbel
Joseph Haydn
Georg Christoph Lichtenberg
Sophie Germain
George Sand
Otto von Bismarck
Herman Melville
Sándor Petőfi
Carl Bechstein
Sergej Rachmaninow
Hugo von Hofmannsthal
Edgar Wallace
Alfred Wegener
Hermann Broch
Viktor Ullmann
Marlene Dietrich
Glenn Miller
J. D. Salinger
Ernst Jandl
Milan Kundera
Diana Frances Spencer

die Zahl des Ganzen

Der glücklichste Mensch ist derjenige,
der die Einheit seines Ichs zu wahren
weiß, dessen Persönlichkeit weder in sich
selbst gespalten noch gegen die Außenwelt
feindlich gestimmt ist.

Bertrand Russell

Probleme der Philosophie

Es beginnt mit der schwierigsten Zahl, der Zahl 1. «Die Einheit durchdringt jede Zahl und ist immer selbst gleich», schreibt der mittelalterliche Mystiker Agrippa von Netterheim, und der Mathematiker Köbel ergänzt 1537, dass die Eins gar keine Zahl sei. Sie sei die Geberin, der Anfang, das Fundament aller anderen Zahlen. Auf solch einen Gedanken kommt man, wenn man die Zahlen nicht additiv versteht, sondern als Teilungen der Einheit. Dann ist die Eins das Ganze, die Einheit, aus der durch Teilung die Zwei und alle anderen Zahlen wachsen. Obwohl sie mathematisch die kleinste natürliche Zahl ist, kennzeichnet sie das Größte, das sprichwörtlich Einmalige: Als Mensch sind wir nicht nur *eine* Persönlichkeit mit *einer* Geschichte, sondern begreifen die Welt als *eine* Welt. Dieser Gedanke, dass die Welt eine Einheit, ein Ganzes ist, klingt elementar und ist doch einer der großen menschlichen Erkenntnisprozesse, die bis heute nicht abgeschlossen sind. Ihr Anfang und damit auch die Eroberung der Zahl Eins liegt in der Idee, dass es nur einen Gott, einen Schöpfer gibt und nicht ein Heer von Gottheiten, wie in allen Naturreligionen.

Damit ist ein fundamentaler Wandel des menschlichen Bewusstseins verbunden, denn erst wenn man an einen Gott glaubt, ist es möglich, von einer geschlossenen Welt, von einer persönlichen Identität zu sprechen. Es war erstmals der Pharao Echnaton, der an die Stelle der zahllosen Gott- und Geistgestalten den alleinigen Sonnengott Aton setzte und damit die Eins auf ihren Thron hob. Es folgte das Judentum, das wie später das Christentum und der Islam von dem einen Schöpfer spricht. Damit ist das Unteilbare, das alles Umfassende in den menschlichen Geist eingezogen.

Philosophisch hat diese Frage, ob die Welt eine Eins oder eine größere Zahl sei, fast alle Denker beschäftigt. «Jede Vielheit ist eine Vielheit von Einheiten, setzt also die Einheit voraus», schreibt 250 n. Chr. Plotin. 800 Jahre früher versucht bereits der griechische Philosoph Parmenides in einem Lehrgedicht die Eins zu fassen, indem er die Einheit der Welt mit der Gestalt einer Kugel verglich. Ein Bild, dessen sich heute, nach 2.500 Jahren, die Kosmologie erneut bedient, wenn von einem gekrümmten Raum die Rede ist, der endlich, aber grenzenlos ist. Endlich muss der Kosmos sein, denn wäre er unendlich, so gäbe es darin unendlich viele Sterne mit unendlich viel Licht, es wäre auch nachts gleißend hell. Dennoch besitzt der Kosmos durch die Krümmung des Raumes keine Grenze – vergleichbar der Oberfläche einer Kugel. So wie das Quadrat als Bild für die Zahl Vier herangezogen wird, so ist deshalb der Kreis oder die Kugel das Bild für die größte Zahl, die Eins, die als einzige Zahl nach Pythagoras weiblich und männlich zugleich ist.

Mit einem Jahr kann der Mensch stehen und ist damit sprichwörtlich «selbstständig», und es ist eine Sonne, die das Leben trägt, wie es eine Erde ist. Es gibt einen ersten Atemzug, einen ersten Schultag und eine erste Liebe. Keine Zahl hat deshalb einen solchen Glanz wie diese Zahl, die von allem am Anfang steht und deshalb mehr als alle anderen Zahlen ungreifbar und unbegreiflich bleibt, bis man – meistens nach langer Suche – die eigene Identität, das, was das eigene Ich ausmacht, zu begreifen vermag. Vermutlich ist das der Schlüssel zu der Zahl, die die kleinste und größte gleichermaßen ist.

Karl der Große
Maria Sibylla Merian
Katharina II, die Große
‹Novalis› Friedrich von Hardenberg
Hans Christian Andersen
Bedrich Smetana
Alfred Brehm
Emile Zola
Georges Seurat
Mahatma Gandhi
Ernst Barlach
Hermann Hesse
Wallace Stevens
James Joyce
Max Ernst
Otto Dix
Kurt Weill
Graham Greene
Marion Hedda Ilse Gräfin Dönhoff
György Konrád
John Irving
Isabel Allende

die Zahl zwischen
Zweifel und Spannung

Frage: Schau einen Stock an –
sein eines Ende ist Yin, das andere Yang.
Welches ist wichtiger?
Antwort: Der Stock ist wichtig!

Laotse

Die Weisheit des Laotse

Ich habe zwei Freunde. Mit beiden kann ich mir eine Partnerschaft vorstellen. Wie finde ich die richtige Entscheidung?» Mit dieser Frage geriet die Studentin an Georg Glöckler, einen Dozenten für Waldorfpädagogik. Sie hatte mit allem gerechnet, aber nicht mit folgender Antwort: «Werfen Sie eine Münze. Wenn Sie es tatsächlich nicht wissen, dann lassen Sie doch Zahl oder Wappen entscheiden.» Die Studentin: «Aber wenn die Münze mich mit A verheiratet, ich aber in diesem Moment entdecke, dass B mein Herz gehört?» Auf ihre Entgegnung hatte er gewartet und grinste: «Dann lassen Sie A ziehen und freuen sich, dass Sie die Entscheidung gefunden haben.» Der Vorschlag war klug. Die Münze half, herauszufinden, welche Entscheidung das Herz längst unbemerkt getroffen hatte, während der Intellekt noch im Für und Wider gefangen war. «Wie kommt man von der Zwei zur Eins? Das ist eine der wichtigsten biografischen Fragen», ergänzte Georg Glöckler.

Durch kaum etwas erfährt man mehr über die Natur

der Zahl Zwei so deutlich wie in einer solchen Pattsituation. «Die Zwei ist Zweifel, Zwist, ist Zwietracht, Zwiespalt, Zwitter. Die Zwei ist Zwillingsfrucht am Zweige, süß und bitter.» So dichtet Friedrich Rückert, und mit duo und dubio bzw. doubt gilt auch im Lateinischen bzw. Englischen die Zahl Zwei als Zahl des Zweifels. In der Zahlenmystik gilt sie als die Zahl der Verlassenheit, des Bösen, denn sie bedeutet, dem Einen, dem Göttlichen gegenüberzustehen. Und hier liegt auch ihr Widerspruch: Das Eine umfasst doch alles, wie kann man dem, was alles umfasst, gegenüberstehen? Nur dadurch, dass man außerhalb des Göttlichen, außerhalb der Welt steht. Bei Rückert lautet ein Gedicht: «Ich bin der Welt abhanden gekommen.» Und Gustav Mahler schuf daraus eines seiner schönsten Lieder.

Die Zwei ist die einzige Primzahl, die gerade ist – und in dieser Besonderheit liegt viel vom Geheimnis und der Widersprüchlichkeit dieser Zahl. So wie die Eins durch den Punkt ins Bild kommt, repräsentiert die Linie die Zwei. Sie verbindet zwei Punkte und trennt zwei Flächen. Novalis schreibt in diesem Sinne: Berührung ist «Trennung und Verbindung zugleich». So ist die Trennung des Menschen in zwei Geschlechter zugleich der Ursprung aller Bindungsfähigkeit. Die Zwei steht zwischen der Eins und der Drei. Dieser Satz ist banal, und doch könnte seine Durchdringung wohl Bibliotheken füllen. Die Zwei ist die

Zahl des Gegensatzes: Tag und Nacht, Gut und Böse, Kain und Abel, Yin und Yang.

Yin bezeichnet ursprünglich im Taoismus die kältere Nordseite eines Berges und das beschattete Südufer eines Flusses; Yang die wärmere Südseite des Berges und ein besonntes nördliches Flussufer. Im philosophischen Denken Chinas wuchsen daraus Prinzipien, die das ganze Dasein durchziehen. Entsprechend dem Aufblühen der Natur in der warmen Jahreszeit stand Yang für alles Aktive, Zeugende, Belebende, Schöpferische, Glänzende, Äußere; Yin entsprechend den winterlichen Qualitäten für alles Passive, Verborgene, Matte, Innere. Sie ergänzen und bedingen sich beide und finden in der Tagundnachtgleiche im Sinne einer kosmischen Hochzeit ihren Ausgleich.

Wie tief die Zwei als die Polarität in die Natur geschrieben ist, entdeckten vor hundert Jahren die Quantenphysiker Albert Einstein und Nils Bohr. Sie zeigten an Phänomenen des Lichts und der Elektrizität, dass die Natur immer zwei Gesichter besitzt – je nach Versuchsaufbau zeigt sie eines von diesen sich widersprechenden Antlitzen. Diese Komplementarität im Innern der Materie verglich Bohr mit dem Gegensatz von Liebe und Gerechtigkeit: Reine Liebe sei immer ungerecht und reine Gerechtigkeit immer lieblos. Sie sind Gegensätze, und doch entsteht Menschlichkeit erst, wenn sie zusammenkommen.

Niccolò Machiavelli
John Wallis
Johanna Schopenhauer
Felix Mendelssohn Bartholdy
Georg Cantor
Sofja Wassiljewna Kowalewskaja
Gertrude Stein
Ferdinand Porsche
Franz Kafka
August Macke
Georg Trakl
J. R. R. Tolkien
Wilhelm Pelikan
Gabriel Chevallier
Anna Freud
Alvar Aalto
Siegfried Pickert
Albrecht Strohschein
Simone Weil
Alain-Fournier
Allen Ginsberg
Tom Stoppard

die Königin der Zahlen

Die Drei gliedert.

Rudolf Steiner

Der Jahreskreislauf als Atmungsvorgang der Erde
und die vier großen Festeszeiten,
Vortrag vom 2. April 1923

*K*opf oder Zahl?» – «Links oder rechts?» – «Ja oder Nein?» Wo zwei Wege offen stehen, gibt es keine Freiheit, denn jedes Dafür ist erzwungenermaßen auch ein Dagegen gegenüber dem anderen. «Wer nicht für uns ist, ist gegen uns», heißt der furchtbare Reflex. Erst wenn der berühmte «Dritte Weg», wenn die Mitte zur Auswahl steht, beginnt das freie Spiel, wird aus Schwarz oder Weiß der Kosmos der Farben. Die Drei sei, so Honoré de Balzac, mit der Sieben die größte geistige Zahl, sie sei, wie Aristoteles sagt, die einzige Zahl, die Anfang, Ende und Mitte habe und von jedem nur eines. Wohl deshalb ist die Drei die Königin unter den Zahlen und steht in der Mitte aller Religionen. In Sumer vor 7000 Jahren sind es Anu, Enlil und Ea (Himmel, Luft und Erde), im alten Indien der Schöpfer Brahma, der Zerstörer Shiva und der Erhalter Vishnu und in Ägypten Isis und Osiris und ihr Sohn und Erlöser Horus. Was im Äußeren als die drei Raumesrichtungen sich aufspannt, den Stoff als fest – flüssig – gasförmig erscheinen lässt, die Zeit als Triade von

Vergangenheit, Gegenwart und Zukunft zeigt, dem stellt Platon das Ideal des Schönen, Wahren und Guten zur Seite und Paulus die Tugenden Glaube, Liebe und Hoffnung.

Im Märchen erfüllen sich drei Wünsche, gehen drei Söhne in die Welt und müssen drei goldene Haare gezogen werden. Später suchen drei Musketiere die Freiheit, fliegen siebenmal je drei Astronauten zum Mond. «Das Tao erzeugt die Einheit, die Einheit erzeugt die Zweiheit, die Zweiheit erzeugt die Dreiheit und die Dreiheit erzeugt alle Dinge», sagt Laotse in einem Land, in dem mit Konfuzianismus, Buddhismus und Taoismus die Weisheit auf drei Säulen ruht. Das bedeutet, dass mit der Drei die Brücke zwischen der Einheit und dem Vielen geschlagen wird. Aus drei Wörtern – Subjekt, Objekt, Verb – wird ein Satz. Was unter Cäsar als Triumvirat, als politische Freundschaft Dreier in die Geschichte einging, gilt noch heute als Ausruf erfolgreichen Miteinanders: «Drei Freunde müsst ihr sein» – und findet sich am natürlichsten im Band von Mutter, Vater und Kind.

In der Drei feiert die Eins ihre Wiederauferstehung, deshalb durchdringt sie alle Schichten des Christentums. Den Beginn seines Lebens bezeugen drei Könige, und am Ende stehen drei Kreuze. Dreimal geht er mit den Seinen in die Stadt, und es sind drei Tage bis zur Auferstehung. Drei Mal verneint ihn Petrus. «Ich bin der Weg, die Wahrheit und das Leben.» In dieser inneren Trinität spiegelt sich die große von Vater, Sohn und Heiligem Geist. Und außerdem gibt es mit Weihnachten, Ostern und Pfingsten drei große Feste im Christentum.

Man kann unzählige Orte in Natur und Kultur aufzählen, die sich dreifach, dreigegliedert oder dreifaltig zeigen, die eine Triade, eine Trinität oder Trivium sind, und entdeckt immer wieder, dass mit dem Schritt von der Zwei zur Drei sich ein Kosmos an Möglichkeiten öffnet. «Dreikörperproblem» nennt die Physik diese Vielfalt und meint damit die Unmöglichkeit, das Spiel dreier physischer Kräfte aufeinander berechnen zu können. Der großartigste Ort dieses Spieles dreier Kräfte ist der Mensch selbst: Was sichtbar als Gliedmaßen, Rumpf und Kopf erscheint, was als Muskeln, Organe und Nervensystem dreifach verschieden arbeitet, das feiert als Wollen, Fühlen und Denken in der menschlichen Persönlichkeit die Gegenwart des individuellen Geistes. Diese Geistesgegenwart bedeutet immer Selbstbegegnung. Deshalb überrascht es nicht, dass in einem Glied der dreien wieder alle zu finden sind. Im Denkpol «Kopf» entspricht das Kinn dem Willen, die Nase dem Gefühl und in den Fingerspitzen wird der Wille gedanklich, in der Gestik Gefühl. Das Drittel trägt das Versprechen des Ganzen in sich.

Isaac Newton
Antonio Vivaldi
Jakob Grimm
Bettina von Arnim
George Everest
Nathaniel Hawthorne
Louis Braille
Anton Bruckner
Edmonia Lewis
Wassily Kandinsky
Hermann Beckh
Rainer Maria Rilke
Leopold van der Pals
Edith Södergran
Louis Armstrong
Charles Lindbergh
Dietrich Bonhoeffer
Dan Lindholm
Hermann Kükelhaus
Audrey Hepburn
Christoph Lindenberg
Andrej Tarkowskij

die Zahl der Erde

Danach sah ich vier Engel stehen
an den vier Ecken der Erde,
die hielten die vier Winde der Erde fest.

Apokalypse des Johannes 7,1

Die Vier ist die erste Zahl, die Teiler besitzt. Das bedeutet, sie lässt sich auf andere Zahlen zurückführen – und das auf dreifache Weise, denn 2 + 2 = 4 und 2 x 2 = 4, und außerdem ist die Quadratsumme von 2 auch 4, $2^2 = 4$.

Wenn die Zwei die Zahl der Gegensätze ist, dann ist die Vier die Zahl der Dynamik dieser Gegensätze. Und tatsächlich – dort, wo das Spiel der Gegensätze zu Hause ist, im Irdischen, in der sinnlichen Welt, dort ist die Vier in allen Formen zu finden: Vier Himmelsrichtungen ordnen den Raum und vier Zustände kann Materie haben. Sie kann fest, flüssig, gasförmig oder unter extremen Bedingungen, wie im Innern der Sterne, plasmaartig sein. Adam, der «erste Bewohner des Raumes», trägt im griechischen Alphabet seines Namens die vier Buchstaben der Himmelsrichtungen: anatole, dusis, arkto, mesembria.

Seit Einstein rechnet man die Raum-Zeit in vier Dimensionen. Auf allen Vieren läuft das Tier, rollt das Auto. Die Physik weiß, dass vier Grundkräfte die Welt zusammenhalten: In der großen Welt sind es Schwerkraft und Magnetismus und in der kleinen Welt, im Atom, ist es die schwache Wechselwirkung, die die Moleküle zusammenhält, und die starke Wechselwirkung, die die Teilchen im Atom aneinanderfügt. Ähnlich ist es mit den innerseelischen Kräften, den Temperamenten. In Anlehnung an die vier Elemente der Antike kann auch die Psyche fest (melancholisch), flüssig (phlegmatisch), luftig (sanguinisch) oder feurig (cholerisch) sein. Seit hundert Jahren sucht die Physik nach einer einheitlichen Beschreibung der vier physikalischen Grundkräfte. Es ist der Traum, mit einer universellen Theorie diese vier physischen Kräfte zu einer einzigen zu machen. Vermutlich bleibt es ein Traum, denn es gehört zur Welt der Gegenstände, Pflanzen, Tiere und Menschen dazu, dass an die Stelle einer Einheit die Zwei, die Drei und vor allem die Vier getreten sind. Im ägyptischen Mythos ist es die Zerstückelung des Gottes Osiris, die diesen Verlust der Einheit ins Bild bringt, und es überrascht nicht, dass beinahe alle Weltreligionen vierfach auf die Einheit antworten. Es sind vier Evangelien in der Bibel, und auch der Islam kennt vier heilige Bücher; Thora, Psalmen, Evangelium und Koran, und in Indien sind die vier Veden bekannt.

Der großartigste Ausdruck dieser Tatsache sind die ägyptischen Pyramiden. Über ihre Geometrie und Proportion ist viel geschrieben worden, und es werden ständig neue Entdeckungen gemacht. Die Kreiszahl Pi (π) wurde als Verhältnis von Höhe und Seitenlänge gefunden, harmonische Dreiecke und das Fünfeck zeigen sich in den Seitenflächen, aber das Wesentliche dieser Bauwerke bleibt die einfache Aussage, wie aus einer Eins eine Vier wird. Oben nahe dem Himmel thront die vergoldete Spitze der Pyramide, das Pyramidion. Im Sonnenlicht wird es zu einem gleißenden Leuchtpunkt wird. Unten spannt sich das Geviert der Grundfläche der Pyramide. Damit ist – wie es elementarer nicht möglich ist – der Weg alles Ideellen aus einer Einheit in die Vierheit der materiellen Welt gezeigt. Eine ähnlich starke Bildsprache der Vier kennzeichnet das Quadrat. Keine Figur strahlt solche Souveränität und Stabilität aus wie das gleichmäßige Viereck oder sein großer Bruder, der Würfel. – 2500 Jahre nach den ägyptischen Pyramiden wird ein neues Bild ähnlich bedeutend, das auch von der Vier und Eins erzählt: das Kreuz. Jetzt ist die Botschaft umgekehrt, denn im Kreuz laufen die vier Arme zum Kreuzungspunkt zusammen, einem Kreuzungspunkt, der in Schottland und Irland mit einem Sonnenrad und im esoterischen Christentum mit einem Kreis von Rosen betont wurde. Während in Ägypten der Weg von der Eins in die Vier von oben nach unten geht, führt im Kreuz des Christentums der Weg wieder zur Eins nach Innen.

Denis Diderot
Christoph Martin Wieland
Caspar David Friedrich
Niels Henrik Abel
Carl Spitzweg
Søren Kierkegaard
Karl Marx
John Boyd Dunlop
Rosa Luxemburg
Friedrich Rittelmeyer
Jean Cocteau
Herbert Hahn
Federico Garciá Lorca
Werner Heisenberg
Gerard Wagner
Bette Davis
Herbert von Karajan
Friedrich Dürrenmatt
Pier Paolo Pasolini
Neil A. Armstrong
Umberto Eco
Václav Havel

die Zahl des Menschen

MEPHISTOPHELES
Gesteh ichs nur! / Dass ich hinausspaziere,
Verbietet mir ein kleines Hindernis,
Der Drudenfuß auf Eurer Schwelle …

FAUST
Das Pentagramm macht dir Pein? / Ei, sage mir, du
Sohn der Hölle, / Wenn das dich bannt,
wie kamst du dann hinein? / Wie ward ein solcher
Geist betrogen?

MEPHISTOPHELES
Beschau es recht! / es ist nicht gut gezogen …

Johann Wolfgang Goethe

Faust I

In den Monaten April und Mai feiert sie ihr Fest – erst an Kirsch-, Birn- und Pflaumenbäumen, dann an allen Rosenstöcken: die Fünf. Trotz aller Erklärungen der Pflanzenphysiologie bleibt es ein Wunder, dass aus den braunen Ästen und grünen Trieben die Fünf in weißen, rosafarbenen, gelben und roten Blüten hervorbricht.

Natürlich gibt es auch dreizählige Blütenblätter wie etwa bei Tulpe und Lilie oder vierzählige wie beim Hahnenfuß, aber die Blüte unter den Blüten, die Blume unter den Blumen bleibt die Rose, bleiben die Rosaceengewächse.

Wenn im Sommer Apfel oder Erdbeere aufgeschnitten werden, dann ist das fünfstrahlige Kerngehäuse der Früchte die Erinnerung an die blühende Fünf des Frühjahrs.

Um die Fünf zu verstehen, muss man die Blüte verstehen. Während es in der Wurzel und im Blattwerk um Wachstum und Stoffwechsel geht, steigert sich die Pflanze in der Blüte durch Farbe, Licht und Duft zum seelischen Ausdruck. In der Blüte kommt das Typische der Pflanze, nämlich dass sie Blatt für Blatt, Ast für Ast fortwährend weiterwächst, zum Erliegen. Durch diese «Stauung» wächst sie in der Blüte quasi über sich hinaus.

Nicht anders ist es mit dem geometrischen Bild der Fünf, dem Pentagramm. Im Gegensatz zu Drei- und Viereck entsteht beim Fünfeck in einem Kurvenzug der Stern. Und es ist ein besonderer Stern, denn alle Strecken teilen sich gegenseitig im Goldenen Schnitt, jener speziellen Teilung, in der sich eine kürzere Strecke zur längeren genauso verhält wie die längere zur gesamten Strecke. Mit Recht wurde bis in die Renaissance diese Proportion sectio divina, «Göttliche Teilung» genannt, weil sie neben der engen Beziehung zweier Teilstrecken einer Seite ein mathematisches Geheimnis in sich trägt: Man kann eine der Teilstrecken in beliebig kleine Stücke teilen – diese werden sich nicht ohne Rest in die andere Teilstrecke einfügen lassen. Mathematisch bedeutet dies, der Goldene Schnitt ist diejenige Teilung, in der zwei Strecken maximal irrational – oder weniger mathematisch formuliert, maximal fremd – zueinander sind. Das ist der Zauber des Goldenen Schnittes, die Teilstrecken sind so fremd zueinander, wie es nur möglich ist, und doch wird durch die beschriebene Beziehung eine höhere Verwandtschaft erreicht. Deshalb richtet sich die Natur, beispielsweise in der Länge der Verzweigungen im Baum, der Form der Blätter oder der Folge der Fingerglieder, überall nach dieser Proportion, weil sie wie kein anderes Verhältnis den Prozess darstellt, maximal Neues ohne Verlust der Einheit hervorzubringen.

Das Pentagramm, das Bild der Fünf, prangt von den Flaggen der Vereinigten Staaten, Chinas und der Europäischen Union, und es findet sich in eigentlich jeder Kinderzeichnung, wenn der Sternenhimmel gezeigt werden soll.

Bei den Griechen ragte die Fünf als die Quintia essentia (aus dem Lateinischen übernommen) über die Vierzahl der Elemente hinaus und symbolisierte den Kosmos, das Geistige. In der Renaissance wurde der Kosmos zum Menschen, indem Agrippa von Nettersheim und Leonardo da Vinci die menschliche Gestalt als Pentagramm erkannten. Und Rudolf Steiner in der übersinnlichen Strömung der menschlichen Lebenskräfte die Geometrie des Fünfsterns erkennt.

Das Pentagramm ist das Versprechen, dass Höheres möglich ist. Doch so, wie zum Menschen der Irrtum gehört, er sich selbst verraten oder auf den Kopf zu stellen vermag, so gehört auch zum Pentagramm, dass es auf den Kopf gewendet allen Glanz verliert. Wie der Mensch muss auch diese geometrische Figur sich zum Umkreis richtig stellen, um den Himmel auf Erden repräsentieren zu können.

Moses Mendelssohn
Maximilien de Robespierre
Richard Dedekind
Sigmund Freud
Robert Scott
Christian Morgenstern
Thomas Mann
Ernst Ludwig Kirchner
Robert Musil
Alexander Fleming
Le Corbusier
Anthony Herman Gerard Fokker
Ernst Bindel
Rudolf Hauschka
Lory Maier-Smits
Margarethe Hauschka-Stavenhagen
Frida Kahlo
Orson Welles
Gabriel Garcia Marquez
Andy Warhol
François Truffaut
Tenzin Gyatso, der Dalai-Lama

die Zahl der Vollkommenheit

Und Gott sah an alles, was er gemacht hatte,
und siehe, es war sehr gut. Da ward aus
Abend und Morgen der sechste Tag.

Genesis 1,31

Vollkommenheit ist die Norm des Himmels.

Johann Wolfgang Goethe
Maximen und Reflexionen

Zu Beginn ein kleines Experiment zur Sechs für alle, die ein Mikroskop zur Hand haben: Es gelingt am besten bei feinem Schneefall, wenn die Eiskristalle einzeln zu Boden fallen, ohne sich zu schweren Flocken zusammenzuballen. Wenn man mit einer kalten Glasplatte einzelne Schneeflocken einfängt und sie unter einem einfachen Mikroskop bei fortdauernder Kälte beobachtet, dann offenbart sich etwas von der Besonderheit der Zahl Sechs. Jeder der Kristalle, mal kompakt wie eine Bienenwabe, mal fein verästelt, zeigt millionenfach verschieden einen Sechsstern. Vollkommener als alles Kristallwachstum der Mineralien zeigen die flüchtigen Wasserkristalle perfekt die hexagonale Symmetrie – und man kann sich nicht satt sehen an dem Formenreichtum der Schneekristalle.

Die Vorstellung, dass mit dem Schneefall im Winter etwas vom Kosmos selbst auf die Erde fällt, ist mehr als nur ein poetisches Bild. Dafür spricht die Zahl Sechs, denn ihr ursprünglichstes Phänomen ist kosmischer Natur.

Wohl jeder hat es im experimentellen Umgang mit einem Zirkel einmal entdeckt:

Der Radius eines Kreises lässt sich ohne Lücke sechsmal auf der Kreislinie abtragen. Der Kreis, die einfachste und vollkommenste geometrische Figur, im Altertum als Urbild des Kosmos verstanden, ist sechsgegliedert. Und tatsächlich, angefangen von den Monden über Planeten, Sterne bis zu Galaxien: Beinahe alles im Weltall ist rund, rotiert und trägt damit in sich die Sechs. Es ist deshalb nicht verwunderlich, dass Babylon, diejenige Hochkultur, in der die geistige Beziehung zum Kosmos abzureißen begann, die Zahl Sechs zum Maß aller Dinge ernannte. Dort, wo zyklisch gemessen wird, im Winkelmaß und im Zeitlauf, hat sich mit 6 x 60 = 360 Grad und 2 x 6 = 12 Stunden bis heute die babylonische kosmische Zählweise erhalten. Mit dieser mathematisch sperrigen Zähl- und Messart ist etwas vom inneren Band mit dem Kosmos erhalten geblieben.

Das Wort «Kosmos» stammt aus dem Griechischen und bedeutet «Ordnung» oder «Schmuck» – und tatsächlich besitzt keine Zahl ein solch hohes Maß an Ordnung wie die Zahl des Kreises, die Sechs. – Zu einer Zahl gehören ihre Teiler. Aus ihren Teilern geht sie hervor, sie sind gewissermaßen ihre innere Substanz. Die Sechs hat als Teiler 1, 2 und 3, und nur für die Sechs gilt, dass sowohl die Summer dieser Teiler (1 + 2 + 3) als auch das Produkt (1 x 2 x 3) wieder 6 ergeben. So wie die Kreislinie wieder an ihren Ursprungsort zurückführt, so führen die Teiler der Sechs wieder auf diese Zahl zurück. Die Sechs ruht in sich, sie bringt sich aus ihren Gliedern wieder selbst hervor – oder anders: Innen- und Außenseite der Sechs sind identisch, sie ist mit sich selbst in Übereinstimmung. Deshalb galt sie in der griechischen Zahlenlehre des Pythagoras als die vollkommenste Zahl.

Auch wenn die Rose die schönste Blüte hervorbringt, die vollkommenste Blüte ist diejenige ohne Stacheln, die Lilie, mit ihren zweimal drei Blütenblättern. Abgebildet auf blauem Grund, zeigt sich auch hier die Beziehung zum All.

In vielen Religionen steht die Sechs in der Mitte: In der persischen Religion Zarathustras bestehen sechs Schöpfungsperioden mit sechs Engelwesen und der sechsgliedrige Stern, als Bild der Verschränkung von unten und oben findet sich im Hinduismus das Vishnu-Dreieck und Shiva-Dreieck. Und auch im Juden- und Christentum hat die Sechs eine besondere Bedeutung, denn sowohl im Alten Testament als auch im Neuen Testament steht sie dort, wo sich die Frage nach der Vollkommenheit stellt: So wurde in sechs Tagen die Welt erschaffen, und am sechsten Tage zur sechsten Stunde verband sich der Sohn am Kreuz mit dieser Welt.

Marie Tussaud
Charles Dickens
Leopold Kronecker
Johannes Brahms
Johann Philipp Reis
Dimitrij Iwanowitsch Mendelejew
Peter I. Tschaikowski
Paul Gauguin
Gustav Mahler
Emil Nolde
Marie Curie
Maurice Ravel
G. H. Hardy
Niels Bohr
Aaron Nimzowitsch
Marc Chagall
Heinz Rühmann
Albrecht Haushofer
Konrad Lorenz
Louis Locher
Dom Hélder Pesoa Câmara
Albert Camus

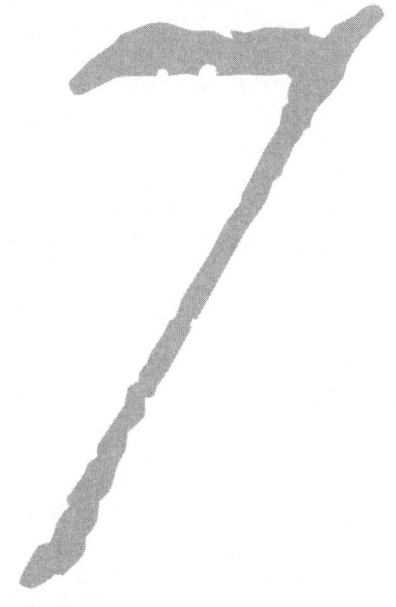

die Zahl der Zeit

Die Zeit ist der Engel des Menschen.

Friedrich Schiller

Wallensteins Tod

Die Sumerer schufen die erste «mathematische» Hochkultur. Die 2 x 6 = 12 Stunden und die 6 x 60 = 360 Grad erinnern daran, dass diese alte Kultur sowohl Raum als auch Zeit mit der Sechs gemessen hat. Warum? Weil der Radius eines Kreises sich sechs Mal an dessen Umfang abtragen lässt: für eine von Göttern geschaffene und von Göttern durchwobene Welt die vollkommene Zahl.

Doch dann trat vor 4000 Jahren die erste Weltreligion auf, die sich Gott jenseitig und transzendent vorstellte. Aus der Erde als ein Leib Gottes wurde die Erde als die von Gott verlassene Welt. Aus dem zyklischen, immer wiederkehrenden Zeitmaß in einer göttlichen Welt entstand mit der mosaischen Religion der lineare Zeitpfeil als Weg hin zu einem fernen Gott. Diese Kultur war es auch, die mit der Siebentagewoche, dem Fest im siebten Monat und dem siebenarmigen Leuchter die Zahl Sieben entdeckte und sie in die Mitte ihrer religiösen Vorstellungen stellte.

Was für eine Zahl ist die Sieben? Wie beispielsweise

die Drei und die Fünf besitzt sie keine Teiler und ist damit eine Primzahl, eine ursprüngliche Zahl. Die Vielfachen von 3 (6, 9) und 5 (10) sind noch innerhalb der ersten zehn Zahlen, das gilt für die Sieben nicht, die 14 liegt bereits außerhalb der mit Fingern zu zählenden Zahlen. Die Sieben ist eine Zahl ohne Verwandtschaft, sie kann mit Recht als die einsamste Zahl bezeichnet werden, weil sie weder andere Zahlen in sich trägt noch andere Zahlen hervorbringen kann.

Wo ist die Sieben in der Natur zu finden? Außer beim «Siebenstern» gibt es nur Blumen mit vier, fünf oder sechs Blütenblättern, Kristalle sind sechs- oder achtgliedrig, aber die Sieben taucht nicht auf! Warum? Die einfachste Begründung kommt aus der Mathematik: Mit Siebenecken lässt sich weder eine Ebene pflastern noch ein regelmäßiger Körper bauen – die Sieben passt nicht in den Raum. Und dennoch gibt es kein Lebensfeld, in dem nicht an wichtiger Stelle die Sieben zu finden ist, und zwar meistens dort, wo es um einen Prozess geht, einen Aufstieg, eine Verwandlung. So sind es beispielsweise sieben Farben, die im Regenbogen Licht und Finsternis verbinden, und aus sieben Tönen ist der Kosmos der Musik geschaffen. In sieben Weltmeeren strömt das Wasser um die Erde, durch sieben Öffnungen sehen, hören, riechen und schmecken Säugetiere und Menschen die Welt, und sieben Organe tragen ihr Leben.

Die Sieben ist die Zahl der Zeit – und entsprechend sind beispielsweise im bekannten Märchen von Schneewittchen die sieben Berge zu den sieben Zwergen kein Längenmaß, sondern bezeichnen eine vollständige Verwandlung, vergleichbar den siebenjährigen Entwicklungsschritten in der menschlichen Biographie, auf die bereits der griechische Arzt Hypokrates aufmerksam machte.

Wenn die Zahl Sieben die Zahl der Verwandlung, der Verwandlung hin zum Göttlichen ist, dann überrascht es nicht, dass sie auch im Christentum einen hohen Rang hat, und das nicht nur in der Apokalypse, wo von sieben Zornesschalen, sieben Gemeinden und Posaunen geschrieben wird, sondern vor allem auch dort, wo es um Verwandlung im höchsten Sinne, um Tod und Auferstehung geht. So besteht etwa die Karwoche aus sieben Schritten und sie findet ihren Gipfel in den sieben Worten am Kreuz:

1. «Vater, vergib ihnen, denn sie wissen nicht, was sie tun.»
2. «Amen, ich sage dir: Heute noch wirst du mit mir im Paradies sein.»
3. «Frau, siehe, dein Sohn!» und: «Siehe, deine Mutter!»
4. «Mein Gott, mein Gott, warum hast du mich verlassen?»
5. «Mich dürstet.»
6. «Es ist vollbracht.»
7. «Vater, in deine Hände lege ich meinen Geist.»

Eduard Mörike
Robert Schumann
Jules Verne
Björnstjerne Björnson
Ferdinand Graf von Zeppelin
Edmund Husserl
Käthe Kollwitz
Paula Modersohn-Becker
Franz Marc
Ernst Bloch
Maria Josepha Krück von Poturzyn
Marina Ivanovna Cvetaeva
George Adams
Margarete Kirchner-Bockholt
Margaret Mitchell
Roberto Rossellini
Theodor Schwenk
Joseph Gunzinger
Elisabeth Kübler-Ross
Jacques Brel
Stephen Hawking
Jostein Gaarder

die neue Zahl

Dort wes't auch wohl der Achte,
An den noch niemand dachte.

Johann Wolfgang Goethe

Faust II

Wenn die Sieben die Zahl der Entwicklung ist, aus sieben Tagen sich die Woche bildet und in Sieben-Jahres-Schritten den Menschen zu sich selbst bringt, dann führt die Acht über ihn hinaus.

«Mathematik ist gefrorene Musik», schreibt der Mathematiker und Philosoph Gottfried Leibniz. Deshalb lohnt es sich, zum Verständnis der Zahlen auf die Musik zu schauen beziehungsweise zu hören. Mit dem achten Ton der Tonleiter ist die Oktave erreicht. Während der siebte Ton, die Septime, eine Melodie zur Frage werden lässt, ist die Oktave die Antwort – in ihr kommt der Fluss der Töne zur Ruhe. Ähnliches gilt für die antike Vorstellung des Planetensystems. Hinter der räumlich und zeitlich greifbaren Welt der sieben klassischen Planeten spannt sich als sogenannte «achte Sphäre» der Fixsternhimmel. Die Acht umgreift das siebengliedrige System der Planeten.

Diese umfassende Eigenschaft der Acht kommt auch in vielen Religionen zum Ausdruck. So besitzt die Gottheit Vishnu im Hinduismus acht Arme, um die Welt zu tragen.

Es sind acht Paradiese, die Hascht Bihischt, die im Islam die Erlösung bedeuten. Gartenanlagen, vor allem um Mausoleen, sind deshalb im Iran und in Indien häufig achtgegliedert. Vermutlich am bekanntesten ist die religiöse Acht im achtgliedrigen Pfad aus der Lehrrede des Buddha. Die Bezeichnung «Pfad» vermittelt allerdings einen falschen Eindruck. Dieser Kerngehalt des buddhistischen Lebens ist nicht als Entwicklungsweg zu nehmen, sondern es sind acht Bereiche der inneren Wandlung – von der Steigerung des Erkennens über den Umgang mit der Sprache bis zur Meditation –, die gleichberechtigt nebeneinanderstehen. Auch hier steht die Acht für das Versprechen einer anderen, höheren Welt. Das achtspeichige Dharma-Rad im Wappen Tibets und Sri Lankas und abgewandelt in der indischen Flagge bringt den «Pfad» ins symbolische Bild.

Dass mit dieser Zahl eine neue Welt anbricht, gilt auch auf der elementaren mathematischen Stufe. Die Acht ist die erste Kubikzahl, denn $2 \times 2 \times 2 = 8$. Mit der Acht wird im Zahlenreich der Raum ergriffen. Der Würfel als elementarster Körper des Räumlichen zeigt diesen «Sieg» in den acht Ecken. Außerdem hat es Mathematiker beschäftigt, warum es gerade die Acht vermag, Quadrate ungerader Zahlen bilden zu können: $5 \times 5 = 3 \times 8 + 1$; $7 \times 7 = 6 \times 8 + 1$; usw.

Eine schwerer zu beantwortende Frage lautet: Warum

haben so viele Menschen Abscheu vor den Achtbeinern, den Spinnen? Vermutlich auch deshalb, weil mit acht Gliedmaßen, die vorne und hinten verschwimmen, die Bewegung unberechenbar wird.

Auch im Christentum tritt die Acht als das Umfassende, das Neue auf. So sind es Mutter und Vater, drei Söhne und drei Schwiegertöchter, die in die Arche steigen, die den Grund für die neue Menschheit bilden, und es ist nach dem Einzug in Jerusalem der 8. Tag, an dem die Auferstehung sich ereignet.

Für Zahlenmystiker ist noch etwas anderes wichtig: Im alten Griechenland gab es keine eigene Schreibweise für Zahlen, sie wurden durch die Buchstaben ausgedrückt. In alphabetischer Reihenfolge meinten Alpha bis Theta 1 bis 9, Iota bis Koppa 10 bis 90 und Rho bis San 100 bis 900. Umgekehrt konnte damit jeder Name in eine Zahl übersetzt werden. Der Name Jesus schrieb sich im Griechischen, der Ursprache der Evangelien, «Jesous». In Zahlen transformiert ergeben die Buchstaben Jota eta sigma omikron ypsilon sigma $10 + 8 + 200 + 70 + 400 + 200 = 888$. Sein Ausspruch «Mein Reich ist nicht von dieser Welt» ist deshalb – wenn man unter den Zahlen einen Autor suchen würde – ein Ausspruch der Acht.

Johann Friedrich Klett
Clemens Brentano
Charles Baudelaire
Leo Tolstoi
Adam Opel
Bertha Freifrau von Suttner
Helene Lange
Edith Maryon
Max Reinhardt
Alban Berg
Kurt Tucholsky
Cole Porter
Owen Barfield
Simone de Beauvoir
Lea van der Pals
Jens Bjørneboe
Sophie Scholl
Imre Kertész
Juri A. Gagarin
Michail Tal
John Lennon
Robert ‹Bobby› James Fisher

die Zahl nahe
dem Vollkommenen

Ich weiß, dass ich hing am windigen Baum
neun Nächte lang, mit dem Ger verwundet,
geweiht dem Odin, ich selbst mir selbst,
an jenem Baum,
da jedem fremd, aus welcher Wurzel
er wächst.

Edda | Runenlehren

Ludwig van Beethoven, Anton Bruckner, Anton Dvorák und Gustav Mahler vollendeten je neun Symphonien. Der griechische Dichter Hesiod erzählt in neun Büchern von den neun Musen, wobei von den Schutzgöttinnen der Künste vor allem Thalia, Göttin der Komödie, und Urania, Göttin der Sternenkunde, im heutigen Sprachgebrauch auftreten. Was ist, was meint die Neun? Je größer eine Zahl, desto schwieriger scheint ihr Charakter zu fassen zu sein.

Die Neun ist die letzte einstellige Zahl, ihr folgt die Zehn. Sie markiert damit den letzten Schritt bis zur Vollkommenheit. Dieser letzte Schritt ist nicht nur bei den geschilderten Komponisten musikalisch zu finden, sondern auch astronomisch: In der antiken Vorstellung des Aristoteles mit den sieben Wandelsternen, dem Fixsternhimmel und dem darüber thronenden unbewegten Beweger finden sich neun Sphären um die Erde. Im Frühchristentum lebte die Vorstellung – ausgehend von einem apokryphen Text der Genesis – der neun gegliederten Engelchöre, neun

Hierarchien, die beginnend mit Engel und Erzengel bis zu Cherubim und Seraphim über dem Menschen stehen. Vor allem der Paulusschüler Dionysios Areopagita hatte dieses Bild der neun Engelreiche in den christlichen Glauben verankert.

Dieser kosmisch-spirituelle Zusammenhang besteht auch im Islam: In Nuh sipihr = neun Sphären gliedern die alten persischen Astronomen das Sonnensystem.

Mit der Neun ist eine Fülle gemeint, die an das Vollkommene heranreicht, aber anders als die Sieben dabei unfassbar, fast übermenschlich scheint. Aufgaben, die das Menschliche überragen, enthalten deshalb häufig die Neun. So war Odysseus neun Jahre unterwegs, wurde Troja neun Jahre belagert, und es dauerte das jährliche Fest der «Großen Mysterien» von Eleusis neun Tage. Ebenso lange dauerte die Sintflut, die Zeus den Urmenschen schickte. Aus ihr ging mit Prometheus der Vater der heutigen Menschheit hervor. Gleiches ist im nordischen Mythos zu finden: Odin, der höchste germanische Gott, kettete sich als Opfer für neun Nächte an die mythische Esche Yggdrasil, lernte neun Lieder und gewann so die Runenschrift. Hier erscheint die Neun als Krisenzeit, als Katharsis, aus der das Neue entsteht.

Die Neun ist im alten China den Kaisern vorbehalten. Nur auf einem kaiserlichen Palast sitzen auf dem Dachfirst neun himmlische Gestalten. Dieser kaiserlich Rang ließ die 9 in Fernost zur Glückszahl werden und führte zu der Vorstellung, dass Laotse erst 9 x 9 Jahre nach der Empfängnis zur Welt kam. Die Neun ist widersprüchlich: Es ist leicht, mit ihr zu rechnen, weil Vielfache als Quersumme wieder neun oder Vielfache von neun ergeben. (9, 18, 27, 36 ... 117, 126 ...). Gleichzeitig ist die Neun geometrisch schwer zu fassen, denn das Neuneck ist wie das Siebeneck nicht allein mit Zirkel und Lineal konstruierbar. Neun ist drei mal drei, und die Drei ist die erste Zahl, mit der die Übersicht verloren geht. Das Dreikörperproblem der Physik, die Beziehungsfülle von drei Menschen zueinander sind Beispiele des chaotischen Spiels, das mit dem Schritt von der Zwei zur Drei beginnt. Mit der Neun multipliziert sich diese Lebensfülle. Deshalb ist die sprachliche Nähe von «neun» und «neu», wie sie in vielen Sprachen auftaucht, kein Zufall, sondern Ausdruck, dass diese Zahl – wie auch das Neue – nicht zu fassen, nicht zu begreifen ist.

Die kürzeste Beschreibung der Neun stammt von Dante Alighieri, dem italienischen Dichter der *Göttlichen Komödie*: Über Beatrice, seine idealistisch-mystische Jugendliebe, die sein Schaffen tief prägte, schrieb er in Vita Nuova: «Diese Zahl war ihr wahres Selbst.»

Martin Luther
Samuel Hahnemann
Friedrich Schiller
Johann Peter Hebel
Friedrich von Schlegel
Joseph von Eichendorff
Annette von Droste-Hülshoff
George MacDonald
Emily Dickinson
Joseph Pulitzer
Nikola Tesla
Marcel Proust
Albert Steffen
Karl Barth
Boris Pasternak
Franz Werfel
Nelly Sachs
Carl Orff
Bertolt Brecht
Alberto Giacometti
Saul Bellow
Thomas Bernhard

10

der Griff der Welt

Ihr Eltern, lehrt lieben,
so braucht ihr keine Zehn Gebote –
lehrt lieben, sagt' ich, das heißt: Liebt!

Jean Paul
Jean Pauls sämmtliche Werke §121

Wenn man schreibt, näht oder zeichnet, wenn man serviert, bindet oder repariert – sind die Hände in Aktion, und die Augen folgen der Bewegung. Auf keinem Körperteil ruht der konzentrierte Blick wie auf den beiden Händen. Das eigene Gesicht oder die ganze Gestalt im Spiegel zu betrachten wirkt weit weniger natürlich, als der Arbeit der Hände zu folgen, denn wenn die Hände im Spiel sind, wenn gezeichnet, gekocht, die Tastatur bedient oder plastiziert wird, geht es fast immer um die Mitwelt, für die man etwas tut. Bei diesem «Griff der Welt» spielt naturgemäß die Zehn als die Anzahl der Finger eine Rolle. Mit der Zehn (er)fasst man die Welt – das ist eine lebenslange augenscheinliche Erfahrung. Und diese Erfahrung war es, die dem Dezimalzahlsystem neben den anderen antiken gebräuchlichen Zählarten zum Sieg verhalf. Vieles spricht dafür, elf verschiedene Zahlen zu verwenden und erst mit der Zwölf eine neue Stelle zu schaffen – aber die zehn Finger an den Händen gaben dem Zehnersystem den Ausschlag.

In der Schule des Pythagoras wurde die Zehn «die allumfassende Mutter» genannt, denn sie ist die Summe der ersten vier Zahlen, der sogenannten «Tetraktys»: Wenn man Kugeln zu einem Dreieck anordnen will, so fügt man an eine Kugel zwei und an die zwei weiteren drei und dann vier. Die Summe der Kugeln wächst damit von 1 zu 3 zu 6 und schließlich zu 10. Diese vier Schritte führen zur Zehn – und mit ihnen ist alles gesagt: Mit der Eins ist die Welt genannt, mit der Zwei die Polarität der Erscheinungen, mit der Drei das Geistige und mit der Vier das Irdische. Die Zehn ist nicht nur eine sogenannte «Dreieckszahl», sondern auch eine «Tetraederzahl». Wer Kugeln zu einer Pyramide stapeln will, legt unten sechs hin, fügt darauf drei und eine letzte Kugel obenauf. Wieder entsteht als Ganzes die Zehn. – Es ist deshalb nicht verwunderlich, dass für den Zugriff auf die Welt in zahlreichen Kulturen und Religionen sich die zehn Finger der Hand in zehn Regeln oder Geboten wiederfinden. Am bedeutendsten sind hier die Zehn Gebote des Alten Testamentes, die Thomas Mann in einem Roman über deren Entstehung («Das Gesetz») das «ABC des Menschenbenehmens» nennt. Sie sind im vorchristlichen Jahrtausend nach und nach zusammengewachsen und wurden im Christentum übernommen, wobei die einzelnen Konfessionen die Zehn Gebote unterschiedlich aufteilen.

In Anlehnung an die alttestamentarische Überlieferung gibt es auch im Islam (Sure 17) Zehn Gebote, und selbst im Buddhismus ist von Zehn Regeln – oder besser Selbstverpflichtungen – die Rede, fünf für den Gläubigen, wie die Verpflichtung, anderes Leben zu schützen, oder fremden Besitz zu achten und fünf weitere für Mönche und Nonnen, wie beispielsweise die Verpflichtung, kein Gold und Silber anzunehmen.

Interessanterweise tauchen im 20. Jahrhundert gerade dort zehngliedrige ethische Regelwerke auf, wo man alles Religiöse verneint, aber zugleich eine ethisch-moralische Bindung sucht. So haben die Soldaten in den ersten Kriegsjahren in ihrem Soldatenhandbuch «10 Gebote für die Kriegsführung eines deutschen Soldaten» vermerkt (eine der Genfer Konvention verwandte Ethik-Richtlinie). In der ehemaligen DDR formulierte die SED die «Zehn Gebote der sozialistischen Moral», und auf den Mitgliedsausweisen der Jugendorganisation der DDR waren ebenfalls «Zehn Gebote der Jungpioniere» abgedruckt.

Die Schreibweise 10 für die Zehn ist deshalb sinnvoll, weil sie als umfassende Zahl der Eins verwandt ist – ja, vielleicht die «Tochter der Eins» ist. In diesem Sinne sagt Paulus, dass wenn man die Nächstenliebe verwirkliche, man die Zehn Gebote nicht brauche. Ähnlich ruft es 1700 Jahre später auch der Schriftsteller und Pädagoge Jean Paul den Eltern zu.

Karl Friedrich Freiherr von Münchhausen
Karoline von Günderode
Hector Berlioz
Carl Zeiss
Fjodor M. Dostojewskij
Ferdinand Lasalle
Conrad Ferdinand Meyer
Robert Koch
Thomas Alva Edison
Marianne von Werefkin
Else Lasker-Schüler
Margaret Rutherford
Enid Blyton
Rose Ausländer
Annelise Kretschmer
Theodor W. Adorno
Salvador Dali
Jacques Cousteau
Paul Bocuse
Hans Magnus Enzensberger
Andrew Wiles
Viswanathan Anand

11

Krise und Brücke

Alle Übergänge sind Krisen,
und ist eine Krise nicht Krankheit?

Johann Wolfgang Goethe

Wilhelm Meisters Lehrjahre

hre Nachbarn sind große Zahlen, denn sowohl die Zehn als auch die Zwölf treten immer dort auf, wo es um das Ganze geht. Doch was bedeutet das für die Elf als die Lücke zwischen diesen beiden glanzvollen Größen?

«Elf ist eine böse Zahl. Zwölf Zeichen hat der Tierkreis. Elf ist die Sünde, elf überschreitet die Zehn Gebote», so lässt Friedrich Schiller den Astrologen in seinem Drama Wallenstein erklären. Dies entspricht der mittelalterlichen Vorstellung, dass für eine Menge, die elf Teile besitze, oder eine Zeitspanne, die beispielsweise elf Jahre dauere, «ad malam partem» gelte, das heißt, dass sie negativ zu bewerten sei.

Franz Kafkas Erzählung «Elf Söhne» schlägt auch in diese Kerbe. Er erzählt von einem Vater, der sich über alle seine elf Söhne beklagt, weil er in jedem nur das Negative zu sehen vermag. Die Elf überschreitet die Zehn, die Zahl der Ordnung und des Gesetzes – und sie erreicht nicht die Zwölf, die Zahl der Vollkommenheit. Eine Zahl der Krise demnach? Dieses «Jenseits der Zehn» hat der Elf auch ihren Namen gegeben. Elf, noch bis ins 19. Jahrhundert «eilf» gesprochen, stammt vom althochdeutschen Zahlwort «einlif», was so viel bedeutet wie «eins (ein) ist übrig» (lif).

Ist diese Eins zuviel tatsächlich ein Appendix, der die Elf hinabzieht? Manches spricht dagegen: Die in Deutschland wohl bekannteste Geschichte um die Elf stammt aus Köln und findet sich noch heute als «elf Flammen» im Stadtwappen. Es ist die Legende der bretonischen Königstochter Ursula, die mit zehn Begleiterinnen nach Rom pilgerte. Auf der Rückfahrt auf dem Rhein im Jahr 452 fielen diese sogenannten «elf Jungfrauen» in Köln dem Hunnensturm zum Opfer. In Erinnerung an diese Legende gab übrigens Kolumbus der Inselgruppe in der Karibik den Namen «Virgins Islands», also «Jungfern-Inseln».

In dieser Geschichte ist die Elf nicht weniger als die runde Zehn, sondern durch die Prinzessin wird die Zehn zur Elf gesteigert.

Ähnlich ist es bei den «Elfmännern», dem Strafgericht im alten Athen. Es waren zehn Beamte mit einem Schreiber – und erst durch den Schreiber erlangten die Urteile ihre Wirkung.

Auch beim Fußball ist die spielende Elf eine 10 plus 1. Auch hier hat der Torwart eine Sonderstellung und trägt deshalb (meist) die Nummer 1 auf dem Trikot. Erst durch den Torhüter haben die zehn Feldspieler den Rücken frei. (Übrigens: Der Strafstoß darf nicht als Ausdruck der Elf genommen werden, denn der Elfmeter ist gemäß des Ursprungslandes dieses Sports ein Zwölfyard.)

Doch wo ist die Elf als Elf zu finden? Zum Beispiel bei folgendem mathematischen Experiment: Man möchte aus Papier einen Würfel falten und schneidet zu diesem Zweck sechs aneinandergefügte Quadrate aus, um sie zu falten und zu kleben. Dann gibt es interessanterweise elf Möglichkeiten, sechs Quadratflächen in der Ebene so zusammenzufügen, dass sich daraus ein Würfel falten lässt. Auf elf verschiedenen Wegen kommt man von der Fläche, der zweiten Dimension, in die dritte Dimension. Hier ist die Elf keine Lücke, sondern vielmehr eine Brücke.

Das wohl bekannteste Naturphänomen dieser Zahl ist vermutlich der elfjährige Sonnenfleckenzyklus. Durchschnittlich alle elf Jahre ist die Sonne von einer Vielzahl von lokalen Verdunklungen bevölkert, die sich auf der Erde in Polarlichtstürmen sowie in Beeinträchtigungen des Pflanzenwachstums äußern. Dieses Phänomen der Sonne ist noch sehr wenig verstanden – wie auch die Tatsache, dass gegenwärtig so wenig Sonnenflecken zu finden sind wie seit hundert Jahren nicht mehr. Die Sonnenflecken sind jedenfalls eindrucksvolle Störungen des Licht- und Wärmeflusses der Sonne. «Die Sonne bringt es ans Licht.»

Wenn man diesen Ausspruch auf die Elf bezieht, so wäre sie die Zahl der Krise.

Das unterstreicht auch den Gesichtspunkt der Brücke, denn jede Brücke ist zudem Bild einer Krise: Man verlässt ein altes Ufer, um ein neues zu finden. Die Ufer wären mathematisch die Zehn und die Zwölf.

Johann Heinrich Pestalozzi
Justus Freiherr von Liebig
Charles Darwin
Abraham Lincoln
Florence Nightingale
Gustave Flaubert
Auguste Rodin
Edvard Munch
Heinrich Vogeler
Helene Finckh
Max Beckmann
Assja Turgenieff
Edith Stein
Helene Weigel
Fritz Julius
Pablo Neruda
Roland Barthes
Joseph Beuys
Franco Zeffirelli
Anne Frank
Michael Ende
Haruki Murakami

12

die Zahl der ganzen Welt

Und er ordnete die Zwölf,
dass sie bei ihm sein sollten und
dass er sie aussendete, zu predigen.

Markus 3,14

Elf Geschworene sind sich einig, denn Zeugenaussagen sprechen dem 18-jährigen Puerto-Ricaner eindeutig die Schuld zu. Nur der zwölfte Geschworene hält inne und enthält sich im ersten Wahlgang der Stimme, während die anderen elf den Jungen für schuldig erklären. Gerade die scheinbare Klarheit des Falles lässt den einen zögern. Der Schnelligkeit will er Langsamkeit entgegenstellen und deckt nach und nach auf, wie alle elf weiteren Geschworenen – jeder auf seine Weise – befangen waren und sich irrten. Vor genau fünfzig Jahren kam der Film *Die zwölf Geschworenen* in die Kinos. Er ist eines der lehrreichsten Justizdramen, weil er eindrucksvoll zeigt, dass für eine verantwortungsvolle soziale Urteilsbildung zwölf Stimmen zusammenkommen müssen – erst mit Zwölfen schließt sich der Kreis. Tatsächlich, wenn sich Geist (die Drei) und Erde (die Vier) miteinander multiplizieren – das bedeutet in größtmöglichen Austausch miteinander geraten –, dann wird daraus die Zwölf, die Zahl, die wie keine andere das Ganze repräsentiert.

Diese Vorstellung, dass die Zwölf Ausdruck der Ganzheit und Weg zur Ganzheit ist, zieht sich durch viele Kulturen, wie beispielsweise die zwölf Götter des griechischen Olymps oder die zwölf Taten des Herakles. Je weiter man dabei zurückschreitet, desto größer ist die Zwölf.

So bilden im Alten Testament zwölf einzelne Stämme das Volk Israel. Auch hier sind es zuerst elf, doch schließlich wird Rahels Bitten erhört, und sie bringt mit Benjamin (dem jüngsten) einen zwölften Stammvater zur Welt. Zwölf Jünger versammeln sich am Abendmahl und repräsentieren die ganze Menschheit, spiegeln auf der Erde, was am Himmel der Kreis der zwölf Tierkreisbilder ist. Übrigens: Auch dort waren es in einer babylonischen Entwicklungslinie erst elf, denn die Waage galt als die Scheren des Skorpions. Im 4. Jahrhundert v. Chr. bekam sie ihre Eigenständigkeit als zwölftes Bild, entsprechend zu den zwölf Monaten des Mondlaufes.

So ewig die Zwölf am Himmel ist, so zeitlos scheint sie auch in der menschlichen Kultur vertreten, denn bereits das erste schriftlich überlieferte Epos der Menschheit, die Geschichte des Königs Gilgamesch von Uruk, der Hauptstadt des Zweistromlandes, findet sich auf zwölf im 19. Jahrhundert entdeckten Tontafeln. Es ist die große Geschichte um Sterblichkeit, Liebe und Freundschaft zwischen Gilgamesch und dem ihm zur Seite gestellten

Waldmenschen Enkidu, der schließlich nach zwölftägiger Krankheit stirbt. Auch hier sind es ursprünglich elf Tontafeln. Auf einer zwölften Keilschrifttafel wird schließlich berichtet, wie Enkidu aus der Unterwelt erneut Gilgamesch erreicht und damit den Tod besiegt.

Seien es die zwölf Rippen, die die Brust umfassen, die zwölf Halbtöne, aus denen die Musik hervorkommt, jeweils kennzeichnet das Dutzend das Ganze. Dieses Phänomen reicht bis in die Physik. Jupiter, der in zwölf Jahren durch den Tierkreis zieht und einen zwölffachen Erddurchmesser hat, besitzt die planetarisch maximale Ausdehnung. Alle weitere Materie, die er aufnimmt, lässt seine Dichte wachsen, aber nicht seine Größe.

Die schönste Äußerung der Zwölf zeigt sich in der menschlichen Biographie: Im Alter von rund zwölf Jahren beginnen Kinder Gesetzmäßigkeiten in Natur und Mathematik zu entdecken und selbstständig zu denken. Gerechtigkeit wird jetzt ein wichtiger Begriff. Das abstrakte Denken erwacht und mit ihm das Vermögen, im Geist die ganze Welt zu umgreifen.

Jan van Goyen
Thomas Jefferson
Heinrich Heine
Werner von Siemens
Clara Schumann
William Butler Yeats
Karl Liebknecht
Arnold Schönberg
Tatiana Kisseleff
Georges Braque
Mary Wigman
Rudolf Meyer
Alfred Hitchcock
Georges Simenon
Samuel Beckett
Laurens van der Post
Daphne du Maurier
Rolf Gutbrod
Nat ‹King› Cole
Peter Carter
Peter Härtling
Gari Kasparow

13

der Schritt ins Ungewisse

Die Hoffnung, die das Risiko scheut,
ist keine Hoffnung. Hoffen heißt an das
Abenteuer der Liebe glauben, Vertrauen zu den
Menschen haben, den Sprung ins Ungewisse
tun und sich ganz Gott überlassen.

Dom Hélder Pesoa Câmara

Für jeden Freien Tag

Sie ist die Überzahl, der Schritt ins Ungewisse, die erste Zahl nach der vollständigen Zwölf. Sie ist das Eins-zu-viel, das das Dutzend überragt, und sie ist die erste Zahl, die aus zwei Zahlnamen zusammengesetzt ist, die Dreizehn. Damit ist sie weniger greifbar als ihre numerischen Vorgänger und verdient deshalb den Beinamen, den Michael Ende ihr im Kinderbuch gibt: «die wilde 13». Dass der 13 seit dem 17. Jahrhundert Unglück zugesprochen wird, Hotels häufig keinen 13. Stock besitzen, hat vor allem zwei Quellen. Es ist der 13., der beim Abendmahl zum Verräter wird, und es war der 13., der «schwarze Freitag» im Oktober 1307, als Philipp IV., König von Frankreich, alle Ritter des Templerordens verhaften ließ und den Orden auslöschte. Die Templer waren die erste Gemeinschaft, die Ritterstand und Mönchsregeln zu einem Orden vereinte und als Schutzmacht bei den Kreuzzügen enormen Einfluss gewann.

In Italien gilt übrigens der Freitag, der auf den 17. eines Monats fällt, als Unglückstag. Denn die römischen

Ziffern für 17 (XVII) ergeben anders angeordnet das Wort vixi, was auf Latein «ich habe gelebt» heißt.

Auch wenn mit der 13 der Schritt ins Ungewisse geschieht, mathematisch geht von dieser Zahl eine ordnende Kraft aus. So kann man in einem Würfel – als dem einfachsten geometrischen Körper – 13 Symmetrieachsen finden. Drei Achsen gehen durch die Mitten gegenüberliegender Flächen, vier Achsen verbinden als Raumdiagonale je zwei Ecken des Würfels und schließlich durchstoßen sechs Achsen die Mitte gegenüberliegender Kanten. Mit einem Käsewürfel und 13 Zahnstochern kann man die Konfiguration bauen – oder vornehmer als geometrische Meditation: Man denke sich selbst im Mittelpunkt eines Würfels, Füße und Kopf berühren je zwei Flächen, links und rechts, im Abstand der Arme sind die Seitenflächen, vorne und hinten die restlichen beiden Flächen. Jetzt fügt man Achse für Achse in diesen imaginären Würfel, bis die 13 vollständig ist. Eine schwierige Aufgabe für Konzentration und räumliches Vorstellungsvermögen.

Es gibt noch ein weiteres Feld, wo die 13 den Raum ordnet: denn es gibt 13 halbregelmäßige, sogenannte «archimedische Körper». Damit sind Gebilde gemeint, die nicht wie die «platonischen Körper» aus einer Art von regelmäßigen Flächen bestehen, sondern aus verschiedenen. Der bekannteste Vertreter dieser Körper ist der klassische

Fußballkörper, der sogenannte «Ikosaederstumpf», der aus Fünf- und Sechsecken besteht. Alle 13 Körper vor das innere Auge stellen zu können, das ist zweifellos die höhere Schule geometrischer Übung.

Die 13-Gliederung findet sich außerdem im Lauf von Sonne und Mond: Jede Jahreszeit besteht aus 13 Wochen, und von Anblick der neuen schmalen Mondsichel bis Vollmond sind es 13 Tage.

Die 13 als ordnende Zahl findet sich auch im Alten Testament. Im 34. Kapitel des zweiten Buches Moses werden beginnend mit «barmherzig, gnädig, geduldig und treu» insgesamt 13 Eigenschaften Gottes herausgelesen. Möglicherweise besteht dabei sogar ein Zusammenhang mit der Tatsache, dass in der Zahlenmystik das hebräische Wort «Eins» (Ahad) den Zahlenwert $1 + 8 + 4 = 13$ besitzt und deshalb wieder auf das Ganze verweist. In der Kabbala, der jüdischen Mystik, wird von 13 himmlischen Quellen und 13 Toren der Gnade und 13 Strömen von Balsam erzählt, die im Jenseits warten. Im Sohar, dem zentralen Buch dieser Lehre, heißt es, dass Gott auf «13 Pfaden von Liebesarten» zu finden sei.

Tycho Brahe
Alexander von Humboldt
Harriet Beecher-Stowe
Johann Strauß
Claude Monet
Iwan Pawlow
Emmeline Pankhurst
Gustav Klimt
Marie Steiner-von Sivers
Carl Graf von Keyserlingk
Albert Schweitzer
Emil Molt
Albert Einstein
Elena Zuccoli
Hannah Arendt
Astrid Lindgren
Natalia Ginzburg
Ingmar Bergman
Rosemary Sutcliff
Ernesto ‹Che› Guevara Serna
Alexander Kluge
Peter Esterházy

14
Brücke zwischen Himmel und Erde

Nur wenn sie reif ist,
fällt des Schicksals Frucht.

Friedrich Schiller
Die Jungfrau von Orleans

Bei Amsel, Meise und Spatz, bei Schwalbe, Star und Nachtigall und einer ganzen Reihe weiterer Vögel dauert es 14 Tage, bis aus den Eiern im Nest die Küken schlüpfen. Der Kuckuck ist aus bekannten Gründen zwei Tage schneller. Die Brutdauer der meisten Vögel orientiert sich tatsächlich am Wochenrhythmus, und sie beginnt mit einer Zeitlänge von etwa 14 Tagen. Andere Vögel wachsen 21 Tage oder etwa 28 Tage im Ei.

Die Zahl 14 ist die Verdoppelung der Sieben, ist der zweite Schritt in der Siebenerreihe und deshalb wie diese Zahl eng mit Zeit und Entwicklung verbunden.

Besonders deutlich zeigt sich dies in der menschlichen Biografie. Im siebten Lebensjahr, das heißt im Alter von sechs bis sieben Jahren, liegt die Schulreife. Die körperliche Entwicklung ist so weit fortgeschritten, dass nun mit Schreiben, Lesen und Rechnen die geistige Entwicklung Platz greifen kann. Mit dem 14. Lebensjahr – bei sehr guter Ernährung heute etwas früher – folgt der körperlichen Reife die seelische: Die Liebe zum anderen Geschlecht, aber auch die Begeisterung für Ideen und Visionen erwacht. Vom Spross wird man zum Glied der Menschheit. So sind es 14 Jahre, 14 Schritte, um voll zur Menschheit zu gehören. Vielleicht bildete sich aus dieser Parallele im 16. Jahrhundert die Vorstellung der 14 Stationen auf dem Weg zur Kreuzigung. Verurteilung, Schultern des Kreuzes und erster Sturz sind dabei die ersten drei Stationen. Die 14. ist die Grablegung des Leichnams. Dieser Weg hat – wenn auch im großen mythischen Bild überhöht – ebenfalls die Menschwerdung als Ziel. Eine andere christliche Tradition scheint davon abgeleitet zu sein: die katholische Vorstellung der 14 Nothelfer. Gemeint sind hierbei Heilige und Märtyrer der frühen Zeit, die jeweils in besonderen Zwangslagen angerufen werden sollen.

Zur 14 gehört, dass sie polar zu diesem geistigen Entwicklungsweg auch in der physikalischen Welt als eine wichtige Größe auftritt. Der französische Mathematiker Auguste Bravais untersuchte, auf welche verschiedenen Möglichkeiten sich kleinste Teilchen im Raum zu einem Kristallgitter anordnen können. Kochsalz bildet beispielsweise ein sogenanntes «kubisch-flächenzentriertes Gitter». Das bedeutet, die kleinste Struktur ist würfelförmig, wobei nicht nur an den acht Ecken eines solchen gedachten Würfels je ein Atom sitzen kann, sondern auch in den sechs Flächenmitten. Ein solcher Würfel hat demnach 14 Teilchen.

Es gibt aber auch andere Möglichkeiten: So können statt der Flächenmitten die Mitten der Kanten noch über ein Atom verfügen oder in einer Richtung können die Abstände verlängert sein, sodass die Struktur rechteckig wird. Durch solche Variationen sind bei der Kristallbildung insgesamt 14 verschiedene Raumstrukturen, 14 verschiedene sogenannte «Bravais-Gitter» möglich.

Die 14 ist hier keine zeitliche Größe, sondern bestimmt interessanterweise die Mannigfaltigkeit im kristallinen Aufbau.

In der islamischen Zahlenmystik ist diese Weite der Zahl 14 bekannt. Sie gilt dort als Mondzahl, denn von Neumond bis Vollmond sind es kaum mehr als 14 Tage. Sie bestimmt den Rhythmus, in dem der Mond als die Brücke zwischen Erde und Kosmos sich füllt und wieder entleert. 14 ist damit ein vermittelnder Rhythmus zwischen Himmel und Erde. Die Kristalle in ihrem besonderen Verhältnis zum Licht stehen ebenfalls in dieser himmlisch-irdischen Achse wie auch die eingangs erwähnten Vögel, sodass es nicht verwunderlich ist, dass auch hier Fußspuren der 14 zu finden sind.

Leonardo da Vinci
Galileo Galilei
Rembrandt Harmensz van Rijn
Leonhard Euler
Napoleon Bonaparte
Walter Scott
Klemens Wenzel Fürst Metternich
Franz Grillparzer
Wilhelm Busch
Gustave Eiffel
Edvard Grieg
Friedrich Nietzsche
Pierre Curie
Arthur Schnitzler
Gerhart Hauptmann
Marie Savitch
Agatha Christie
Zarah (Stina) Leander
Rudolf Geiger
Max Frisch
Martin Luther King
Judith Hermann

15

die verkannte Zahl

Magisches Quadrat

Item einer gibt fürzusetzen zahlen
die nach einander folgen wie hie,
dass uberall 15 werden.
Wiltu solchs und dergleichen wissen
so sprich allemal 15. gibt 5 in die mitte
was gibt dann so viel du uberall haben wilt
als hierinnen 15. kommen 5. die setz mitten
und darnach fort Und darnach verwechsel
mit den 8. und 2.
Also so hastu allenthalben 15.

Rechenbüchlein des Adam Riese

In dem rätselhaften Bild Melancholia von Albrecht Dürer hängt es hinter dem nachdenklichen Engel an der Wand, im Roman von Dan Brown «Das verlorene Symbol» ist es die geheime Botschaft, und es gibt die Theorie, dass Goethes Hexeneinmaleins dazu eine Anleitung sei: das «Magische Quadrat». Man ordnet die Zahlen in einem Quadrat so an, dass sowohl Spalte als auch Zeile und Diagonale immer die gleiche Summe bilden. Die Verschiedenheit der Zahlen wird so in ein harmonisch Ganzes gefügt, das in sich selbst aufgeht, vergleichbar einer umfassenden mathematischen Formel.

Die einfachste Form des Zahlenquadrats ist das chinesische «Lo Shu»: Die neun Grundzahlen werden in einem Dreier-Quadrat so angeordnet, dass immer 15 als Summe entsteht. Im chinesischen Mythos heißt es, dass der mythische Kaiser Fu Xi am Fluss Lo meditierte und auf dem Panzer einer auftauchenden Schildkröte das magische Quadrat entzifferte. Im chinesischen Daoismus spielt das Quadrat eine interessante Rolle, weil es den kosmischen

Ausgleich der Gegensätze «Yin» und «Yang» symbolisiert: In den vier Ecken stehen die geraden Zahlen (Bild des Weiblichen) und in den Seitenmitten die ungeraden Zahlen (Symbol des Männlichen). In der Mitte befindet sich schließlich die Fünf als Zahl für die chinesischen fünf Elemente und Himmelsrichtungen (Nord, Süd, Ost, West, Mitte). Die 15 erscheint damit als Zahl des Ausgleichs.

Jede Zahl hat aber auch zufällige Auftritte. So ist es auch bei der 15. Man zählt etwa beim Tennis die Punkte nicht wie beim Tischtennis 1, 2, 3, sondern in Fünfzehnerschritten mit 15, 30 und (ursprünglich) 45. Diese umständliche Zählweise hat historische Gründe. Beim Vorläufer des Tennis, dem französischen «Jeu de Paume», bei dem der Ball mit der flachen Hand geschlagen wurde, spielte man vor 400 Jahren üblicherweise um Geld. Der Einsatz pro Punkt betrug 15 Deniers. Auch die 15 Kugeln beim Pool-Billard haben wohl keinen tieferen Grund.

Mit den Zahlen scheint es ähnlich zu sein wie mit den Menschen. Während große Persönlichkeiten viel von ihrem Charakter, ja möglicherweise sogar von ihrem Wesen zu zeigen vermögen, ist bei vielen Menschen das Eigentliche verstellt und nur auf Umwegen zu fassen.

So erscheint die 15, um dann an einem unerwarteten Ort doch etwas von ihrem Kern preiszugeben. Wenn in der Bibel von einer Anzahl die Rede ist, dann sind damit

Wesensmerkmale gekennzeichnet. In der Bibel sind Quantitäten immer Qualitäten. Das Wieviel ist dort kein Zufall, besonders nicht an einer so zentralen Stelle wie dem Hohelied der Liebe des Apostel Paulus, jenem Brief an die Korinther, der mit dem viel zitierten Ausspruch beginnt: «Wenn ich mit Menschen- und mit Engelszungen redete und hätte die Liebe nicht ...» Anschließend findet Paulus 15 Beschreibungen – es sind Beschreibungen mit enormer Tragweite –, was die menschliche Liebe auszuzeichnen vermag:

Die Liebe ist langmütig und freundlich (2),
die Liebe eifert nicht, die Liebe treibt nicht Mutwillen, sie bläht sich nicht auf (5),
sie verhält sich nicht ungehörig, sie sucht nicht das Ihre, sie lässt sich nicht erbittern (8),
sie rechnet das Böse nicht zu, sie freut sich nicht über die Ungerechtigkeit, sie freut sich aber an der Wahrheit (11),
sie erträgt alles, sie glaubt alles, sie hofft alles, sie duldet alles (15).

Philipp Melanchthon
Jane Austen
Friedrich Rückert
Arnold Böcklin
Franz Brentano
Wladimir Solowjow
Oscar Wilde
Roald Amundsen
Elisabeth Vreede
Zoltán Kodály
Charlie Chaplin
Michail A. Čechov
Hans Jenny
Peter Ustinov
José Saramago
Lauren Bacall
Günter Grass
Susan Sontag
Reiner Kunze
Sarah Kirsch
Liv Ullmann
Inger Christensen

16

die Ordnung der Welt

Leben ist atmende Ordnung.
Ordnung ist erinnerte Liebe.

Peter Horton

Die zweite Saite

Vier Handbreiten ergeben die Länge des Fußes, und jede Handbreite besteht aus vier Fingern. So sind es 16 Finger, die die Länge des Fußes ausmachen. Im antiken Rom wie auch in Griechenland wurde aus diesem Zusammenhang ein Maßsystem. 16 Finger sind ein Fuß. Dies scheint auch der Grund zu sein, dass in romanischen Sprachen bis zur 16 jede Zahl ihren Eigennamen hat und erst mit der 17 zusammengesetzte Namen auftreten. So folgt im Französischen auf seize (16) dix sept (17) und im Italienischen auf sedici (16) ebenfalls aus zwei Zahlwörtern gebildet dicia-sette (17).

Was zeichnet die 16 mathematisch aus? Sie ist die erste Zahl, die das Quadrat eines Quadrates ist. Denn 2 x 2 = 4 und 4 x 4 = 16. Durch das Quadrieren wird aus einer Strecke eine Fläche. Während eine Strecke nur Länge und keine Breite besitzt und deshalb nur in einer Dimension greifbar ist, erstreckt sich eine Fläche sowohl in Länge als auch in Breite.

Die Vier ist deshalb irdischer als die Zwei. Die 16 ist

irdischer als die Vier. Vielleicht liegt hier der innere Grund für die 16 als Maßsystem des Fußes, weil diese Zahl als Quadratur der Quadratur eine besondere Beziehung zum Irdischen besitzt. Natürlich gibt es weitere Zahlen, die Quadrate von Quadrate sind: 81 = (3 x 3) x (3 x 3) ist die nächste, und dann folgt 256 = (4 x 4) x (4 x 4). Doch nur für die 16 gilt die Beziehung, dass sich Grundzahl und Potenz vertauschen lassen ($4^2 = 2^4 = 16$). Bei der 81 ist das nicht möglich, denn 3^4 ergibt 81, aber ein Tausch der Zahlen zu 4^3 ergibt 64.

Die 16 zeigt – ähnlich wie die 12 – eine besondere Vollkommenheit, weshalb sie wie die 12 in alten Kulturen als Maßzahl verwendet wurde. In Indien wurde noch im 20. Jahrhundert die Rupie in 16 Ana geteilt, und in den indischen Veden ist davon die Rede, dass der Mensch aus 16 Teilen bestünde. Doch die Sechzehner-Gliederung spielt nicht nur im Raum eine Rolle wie bei der Kompassrose mit den 16 Richtungsangaben von Süden über Südsüdost, Südost zu Ostsüdost usw., auch in der Zeit ist die 16 als Maß zu Hause, auch dort besteht das Ganze aus 16 Teilen: Eine einfache Melodie, wie beispielsweise bei den meisten Kinderliedern (Hänschen klein, Alle Vögel sind schon da ...), erstreckt sich über vier Takte, und jeder Takt hat vier Schläge – wieder spannt die 16 den Bogen zum Ganzen. Im klassischen indischen Rhythmus tintal ist dies noch reiner zu finden: Dort ergeben 16 Schläge einen Takt. Die altindische Gottheit Pussa wurde mit 16 Armen vorgestellt.

Auch im europäischen Kulturkreis findet sich die 16: Die griechische Lehre der vier Elemente Erde, Wasser, Luft, Feuer wurde in der alchemistischen rosenkreuzerischen Lehre zu 16 sogenannten philosophischen Elementen erweitert, indem jedes Element mit den anderen Elementen in eine Beziehung gebracht wurde – im Sinne von: das Feuer der Erde, das Feuer des Wassers, das Feuer der Luft, das Feuer des Feuers usw. In rosenkreuzerischen Diagrammen finden sich beispielsweise unter Feuer die alchemistischen Begriffe «Prima Materia» (Urmaterie), «Quinta Essentia», «Quartor Elementa» (Vier Elemente), «Lapis Philosophorum» (Stein der Weisen).

Die 16 so im Geistigen der Natur zu finden ist heute nur schwer verständlich. Aber einen persönlichen Anknüpfungspunkt an die 16 haben vermutlich die meisten Menschen, wenn sie in ihre Jugend zurückblicken. Häufig geschieht es mit 16 Jahren, dass die Liebe zum anderen Menschen ihren ersten Gipfel erreicht – und wieder erscheint die 16 als Bild der Ganzheit, denn die Liebe zum anderen Geschlecht beginnt mit der Entdeckung der persönlichen Einseitigkeit und wächst mit der Sehnsucht nach Vollständigkeit.

Pierre de Fermat
Benjamin Franklin
Ludwig van Beethoven
Georg Büchner
Anne Brontë
Sebastian Kneipp
Bernhard Riemann
Gottlieb Daimler
Wilhelm Steinitz
Erik Satie
Theodor Däubler
Igor Strawinski
Käthe Kruse
Tania Blixen
Thornton Wilder
Michail Botwinnik
Arthur Miller
Erika Dühnfort
Siegfried Lenz
Tigran Petrosjan
Ruth Rendell
Reinhold Messner

17

die schönste Zahl

Die Schönheit ist die Erinnerung
an die Zeugungskraft des Geistes.

Joachim Daniel
Vortrag, Über die Musen,
Tagung Anderzeit drey 2009

Über 2000 Jahre – bis ins 19. Jahrhundert hinein – war es das weltweit verbreitetste Buch nach der Bibel: die Elemente des griechischen Philosophen und Mathematikers Euklid. In 13 Bänden enthält das Werk das mathematisch-geometrische Wissen des Altertums, und es dauerte beinahe diesen Zeitraum von 2000 Jahren, bis zum Wissen dieses Buches etwas Neues hinzugefügt werden konnte. Dieses Neue, diese erste Antwort der Neuzeit auf das griechische geometrische Wissen war die 17. Dem 19-jährigen Mathematiker Friedrich Gauß gelang es, nachzuweisen, wie und warum das Siebzehneck allein mit Zirkel und Lineal zu konstruieren sei. Während Sieben-, Neun- oder Elfeck mit diesem einfachsten Instrument nicht zu bezwingen sind, ist es jedoch möglich, ohne Winkelmesser und Geodreieck ein Siebzehneck zu konstruieren. 47 Hilfslinien muss man ziehen, um schließlich mit 17 weiteren Strichen – mit ähnlichem Triumph wie ein Bergsteiger auf dem Gipfel – das besondere Vieleck auf dem Papier erscheinen zu lassen.

Gauß hatte nicht eine mathematische exotische Besonderheit entdeckt, sondern es gelang ihm, mit der 17 tiefer in die Struktur der Zahlen zu schauen, denn die 17 ist wie die Drei, die Fünf oder die 257 eine sogenannte «Fermat-Zahl». Benannt nach dem französischen Mathematiker Pierre de Fermat sind es Zahlen, die den besonders einfachen Zahlen – 2 x 2 (= 4), 2 x 2 x 2 x 2 (= 16) – direkt folgen und deshalb – auch wenn sie Primzahlen sind – als Vielecke zu konstruieren sind. Obwohl sie selbst als Primzahlen schwer fassbar sind, nehmen sie von ihren einfachen gradlinigen Vorgängern etwas mit und sind damit als Figur zu fassen. Es sind paradoxe Zahlen, weil sie (als Primzahlen) ungreifbar und doch greifbar sind.

Wer im Geburtsort Braunschweig das Denkmal von Friedrich Gauß aufsucht, findet deshalb einen goldenen Siebzehnstern zu Füßen des «Fürsten der Mathematik».

Diese mathematische Besonderheit der 17 kann aber nicht die Frage vollständig beantworten, warum bei einer Befragung nach der Lieblingszahl zwischen 1 und 20 über 70 Prozent diese Zahl nennen. Was macht die 17 zur «schönsten» Zahl? Vermutlich auch die Tatsache, dass sowohl die heutige Sprache als auch die heutige Musik in der 17 ihren Ausgang haben. In der griechischen Lautfolge, dem ersten vollständigen Alphabet der menschlichen Entwicklung, gibt es zu den sieben Vokalen 17 Konsonanten,

17 Laute, die der Sprache ihre Struktur verleihen. Nicht anders ist es mit der Musik. Ebenfalls im klassischen Griechenland wurden durch Pythagoras die musikalischen Intervalle in ihrer mathematischen Struktur entdeckt. Um auf einem Saiteninstrument einen Ton höher zu schreiten, muss man die Saitenlänge um ein Neuntel verkürzen. Hat der ursprüngliche Ton neun Spannen, so besitzt der höhere Klang nur acht. Zusammen sind es 9 + 8 = 17 Spannen. In der 17 liegt somit das Schrittmaß der musikalischen Tonleiter, der temperierten Stimmung.

Nun ist es interessant, dass die 17 im Mythos gerade dort auftaucht, wo die größten Schritte, die Schritte ins Ungewisse, unternommen werden. So wird im alten Ägypten Osiris am 17. Tag im Sarg den Fluten des Flusses Typhon übergeben, und es war auch der 17. Tag des Monats, als für Noah die Sintflut begann, die wieder an einem 17. Tag, diesmal des siebten Monats, endete. Sie ist die Zahl des Übergangs – wie auch im menschlichen Leben, wo sie den Übertritt in Eigenständigkeit und Freiheit bedeutet.

Christian Goldbach
Alessandro Volta
Heinrich von Kleist
Rudolf Diesel
Ricarda Huch
Bertrand Russell
Walter Andrae
Walter Gropius
Annemarie Dubach-Donath
Nathalie Sarraute
Dora Gutbrod
Greta Garbo
Elsa Morante
Nelson Mandela
Johannes Paul II.
Walther Roggenkamp
Kurt Masur
Christa Wolf
Toni Morrison
John Updike
Margaret Atwood
Justus Frantz

18

des Lebens Fülle

Die Verantwortung für sich selbst
ist die Wurzel jeder Verantwortung.

Mong Dsi

Dem Menschen gerecht – ein Menzius Lesebuch

Wie 12 oder 24 ist auch die 18 im griechischen Sinne eine reiche Zahl. Dieses Attribut erhalten Zahlen, wenn die Summe ihrer Teiler über die ursprüngliche Zahl hinausragt. Es sind Zahlen, die eine solche innere Struktur besitzen, dass sie über sich selbst hinauszuwachsen vermögen. Die Teiler von 18 sind 1, 2, 3, 6 und 9. Zählt man sie zusammen, erhält man 21, denn 1 + 2 + 3 + 6 + 9 = 21. Das bedeutet, dass in der Zahl mehr steckt, als sie äußerlich zeigt. Diese innere Kraft findet sich auch in der jüdischen Zahlenmystik. Da hier jede Zahl als Buchstaben geschrieben wird, lässt sich jede Zahl als Wort verstehen. Die 18 ist dem Laut «a» oder besser «chaj» zugeordnet, was «das Leben» bedeutet. Altertumswissenschaftler vermuten in dieser Beziehung der 18 im jüdischen Glauben zum Leben auch den Grund, warum das zentrale jüdische Gebet, das dreimal am Tage gesprochen wird, um die 18 rankt. Es wird «Schmone Esre» genannt, was «achtzehn» bedeutet, und enthält eine Folge von 18 Bitten.

Um diese Lebensfülle der 18 geht es auch in der einzigen Stelle in der Bibel, in der von dieser Zahl die Rede ist. «Und siehe, ein Weib war da, das hatte einen Geist der Krankheit 18 Jahre; und sie war krumm und konnte nicht wohl aufstehen.» Auch hier ist die Zahl nicht zufällig. Es ist das Bild von 10 und 8, von Gesetz und Gnade, aber sicher auch Ausdruck der Fülle des Lebens.

Auch im Islam steht die 18 an zentraler Stelle: Die Eingangsformel, die den Suren des Koran voransteht, lautet: «Bismillahi'r-rahmani'r-rahim» (= im Namen Gottes des Allbarmherzigen des Allererbarmers). Sie besteht aus 18 Konsonanten. In den Konsonanten gewinnt das Sprechen Bewusstsein. 18 Konsonanten heißt deshalb 18 Momente des Aufwachens. In der islamischen Mystik kommt darüber hinaus der 18 eine Sonderstellung zu. Das Eingangsgedicht des großen Dichters und Mystikers Dscheladluddin Rumi, das «Lied der Rohrflöte», besteht aus 18 Versen. Um diese Dichtung mitzuvollziehen, musste jeder, der ein tanzender Derwisch werden wollte, 18 Tage im Kloster dienen und auf 18 Arten – von Brotbacken, Geschirrwaschen bis Gemüseschneiden – Küchendienst leisten. Nach dieser weltlichen Eignung folgte die spirituelle: Er wird mit einem 18-armigen Leuchter in eine Zelle geführt, um sich 18 Tage in einsamer Meditation zu prüfen.

Im Buddhismus sind die «achtzehn Arme des Buddha»

ein besonderer Ausdruck. Sie gehen auf Bodhidarma zurück, den ersten geistigen Führer des Zen-Buddhismus. Er entwickelte am Shaolin-Tempel in Zentralchina körperliche Übungen, um das lange Stillsitzen in der Meditation aushalten zu können. Die bekannteste Übungsreihe hieß «Shi-ba-lo-han-shou» (= die 18 Hände des Buddha). Später entdeckte man den Nutzen dieser Übungen für die Selbstverteidigung – aus den Händen Buddhas wurden Kampfsportarten wie Kung Fu.

In der großen Natur, dem Weltall, findet sich die 18 ebenfalls als Rhythmus eines bestimmten Lebens. Sonnenfinsternisse sind die beeindruckendsten Unterbrechungen des Lebens. Die besonderen Konstellationen, dass der Mond auf der Erde einen Finsternisstreifen zeichnet, wiederholen sich im Rhythmus von 18,03 Jahren. Da 42 solcher 18-jährigen Finsterniszyklen ineinandergreifen, kommt es zu zwei bis drei Finsternissen jährlich.

Die stärkste Beziehung zur 18 liegt natürlich in der Volljährigkeit. Am 20. November 1989 beschloss die Generalversammlung der UNO die Kinderrechtskonvention, nach der mit 18 Jahren die Volljährigkeit oder Mündigkeit erreicht ist. Bis auf einige afrikanische und arabische Staaten, in denen noch 19, 20 oder 21 Jahre zählen, hat sich 18 Jahre als Grenze der Kindheit, als Moment des Schritts ins Leben weltweit verbreitet.

Nikolaus Kopernikus
Blaise Pascal
James Watt
Johann Gottlieb Fichte
Edgar Allan Poe
Lothar Meyer
Edgar Degas
Paul Cézanne
Pauline Gräfin von Kalckreuth
Auguste Lumière
José Raul Capablanca
Emil Bock
Ehrenfried Pfeiffer
Anna Seghers
Beppe Assenza
Edith Piaf
Indira Gandhi
Hella Krause-Zimmer
Patricia Highsmith
Jacques Lusseyran
Peter Horton
Thomas Brasch

die Zahl der neuen Geburt

Wir kommen auf die Welt,
um geboren zu werden.

Pablo Neruda

Um geboren zu werden – Prosaschriften

Jedes Jahr am 12. oder 13. März, immer um 8.52 Uhr, und im Herbst am 30. September oder 1. Oktober, immer um 9.33 Uhr, ist es soweit. Dann ereignet sich in dem kleinen Schweizer Bergdorf Elm ein alpines Lichtschauspiel. In der Morgendämmerung blitzt in der östlichen Bergwand ein gleißend helles Licht auf. Es ist das Sonnenlicht, das an diesen Tagen den Weg durch ein Loch im Felsen findet und einen 50 x 100 Meter großen Lichtkreis auf die Ortschaft wirft. 32 cm wandert das Licht pro Sekunde weiter. Alle 19 Jahre steigert sich das Ereignis von Elm, denn dann scheint nicht nur am Morgen die Sonne, sondern am Abend auch der Vollmond durch die Öffnung in der Bergwand. Da 2009 solch ein Datum war, muss man nun bis 2028 warten, um den Vollmond in dem Martinsloch wieder sehen zu können. Dieser Rhythmus kommt dadurch zustande, dass es jeweils 19 Jahre dauert, bis der Vollmond wieder auf das gleiche Datum fällt, wieder im gleichen Verhältnis zur Sonne steht. Im Altertum war es der griechische Mathematiker Meton, der entdeckte, dass in

19 Jahre genau 235 Mondzyklen hineinpassen, sodass die Mondphasen wieder auf das gleiche Datum fallen. So war 1996 am Weihnachtsabend Vollmond, und entsprechend wird 2015 wieder am Weihnachtsabend der volle Mond die Nacht beherrschen. Weil der christliche Kalender sich nach dem Sonnenlauf richtet und der islamische Kalender auf den Mondlauf bezogen ist, klingen auch diese beiden Arten der Zeitrechnung im Rhythmus von 19 Jahren zusammen.

Doch nicht nur Sonne und Mond, auch Erde und Mond klingen nach beinahe 19 Jahren wieder zusammen. Die Mondbahn ist zur Erdbahn um die Sonne um 5 Grad geneigt. Diese schiefe Ebene tanzt wie ein Hula-Hoop-Reifen um die Erde. In fast 19 Jahren, genauer in 18 2/3 Jahren, steht die Schräge der Mondbahn wieder in der gleichen Richtung. Bereits 3000 v. Chr. wurde an den Steinkreisen der Antike dieser Mondrhythmus verfolgt. Dieser sogenannte «Mondknotenzyklus» spielt in der Biografie eine wichtige Rolle. Nach seiner halben Zeit, nach 9 1/3 Jahren, wenn die Mondbahn entgegengesetzt wie zum Zeitpunkt der Geburt steht, ist auch innerlich die größte Spanne zur Geburt erreicht. Erlebnisse von Einsamkeit und Ausgestoßensein sind typisch für diese Klippe in die Eigenständigkeit. «Ich glaube, alle anderen Menschen sind gar nicht echt. Die Götter haben sie auf die Erde gestellt, um mich zu prüfen.» So beschrieb ein Freund mir sein Einsamkeitserlebnis an dieser Schwelle von der Kindheit zur Jugend. Wenn nach beinahe 19 Jahren die Mondbahn wieder ihre Ausgangsstellung erreicht, ist auch geistig wieder ein Zeitpunkt des Geborenwerdens gekommen. Sei es durch Krisen, Krankheiten oder besondere Begegnungen – es ist ein neuer Aufbruch, eine weitere Geburt fällig. Von einem spirituellen Gesichtspunkt werden die Impulse und Aufgabenstellungen, die man sich vor der Geburt vorgenommen hat, erneuert. Deshalb sind Vielfache von 19 bzw. 18 2/3 Jahren Wendepunkte in der Biografie. 19 ist die Zahl der Geburt und die Zahl des Mondes, als demjenigen Wandler, der ins Leben führt. «Wiege» und «Grab» nannten die Griechen der Antike den Erdtrabanten.

Zählt man die Konsonanten des Alphabets nach ihrem Klang, nimmt also c = k und v = f, dann sind es 19 Laute. Während die Vokale a oder o im Artikulieren von «Ah» oder «Oh» das Gefühl zur Welt unterstreichen, führen die Konsonanten zu Selbsterlebnis – wieder ein Geburtsmotiv. Vermutlich ist die Nähe zu Geburt und Anfang auch der Grund, dass, mit Ausnahme der Sieben, kaum eine andere Zahl wie die 19 so häufig (von der Musik dieses Alters) besungen wird: von Paul Hardcastle mit *Nineteen* (wegen des Durchschnittsalters der Vietnamsoldaten), über Steely Dan und sein *Hey, Nineteen* zu den Rolling Stones mit ihrem legendären *Nineteenth nervous breakdown* oder Joe Jackson, der schmetterte: *Nineteen forever*.

Friedrich Hölderlin
Jöns Jacob Berzelius
Honoré de Balzac
John Stuart Mill
Henrik Ibsen
Hedwig Dohm
Arthur Rimbaud
Selma Lagerlöf
Dora Kallmuss
Kurt Schwitters
Joan Miró
Max Euwe
Jewgenija Semjonowna Ginsburg
Lilian Hellman
Alexander Mitscherlich
Federico Fellini
Wolfgang Borchert
Nadine Gordimer
Friederike Mayröcker
Ernesto Cardenal
Elfriede Jelinek
Chrisoph Ransmayer

20

Raum und Mensch

Mit zwanzig Jahren regiert der Wille,
mit dreißig Jahren der Verstand und
mit vierzig Jahren das Urteilsvermögen.

Benjamin Franklin
Autobiografie

Sie heißen Alanin und Arginin, Leucin, Lysin und Tyrosin und sind Bausteine des Lebens. Die insgesamt 20 alpha-Aminosäuren sind so beschaffen, dass jeweils an einem Ende eines Aminosäurenmoleküls ein weiteres sich angliedern kann. Vereinen sich zwei Aminosäuren, so nennt man es «Dipeptid», sind es mehrere, heißen sie «Polipeptid» – und schließen sich gar über 100 zusammen, so entsteht Eiweiß, der Stoff des Lebens. Es ist nach Wasser mit 16 % die häufigste Substanz im Körper. Die Muskeln und auch Gewebe bestehen hauptsächlich aus Protein, wie es in der Fachsprache heißt. Es bestimmt die Gestalt und mit einem Heer von Enzymen auch die organischen Prozesse von Tier und Mensch.

Etwas vom Geheimnis der Eiweiße zeigt sich beim morgendlichen Spiegelei in der Pfanne: Schon geringe Hitze reicht aus, um das Eiweiß – oder vielmehr das eiweißhaltige Eiklar – trübe werden zu lassen. Was geschieht hier? Das Eiweiß denaturiert, es verändert seine räumliche Struktur. Was das Eiweiß auszeichnet, ist seine komplexe Faltung, die, je nachdem, welche der 20 Aminosäuren aneinandergefügt sind, ein einzigartiges mikrokosmisches Knäuel ergibt – bei jedem Menschen unterschiedlich. Wenn von «immunologischer Individualität» die Rede ist, dann sind damit die unverwechselbaren Eiweißstrukturen gemeint, dieser Fingerabdruck durch die besondere Faltung des Eiweißes aus dem Spiel der 20 Aminosäuren.

Aus der 20 wird eine räumliche Struktur, so auch in der Geometrie: 20 ist die höchste Zahl, die bei den fünf vollregelmäßigen platonischen Körpern als Anzahl von Flächen oder Ecken auftritt. So besitzt der aus zwölf Fünfecken bestehende Pentagondodekaeder 20 Ecken und der ihm verwandte Ikosaeder 20 Dreiecksflächen. Eine größere Zahl taucht an den regelmäßigsten Körpern nur bei den Kanten auf.

Am einfachsten kommt die 20 jedoch an Füßen und Händen ins Bild. 20 Zehen und Finger zeigen in die Welt. Deshalb ist es keine Überraschung, dass viele Kulturen das Zwanziger-Zählsystem besitzen wie beispielsweise die Maja. Angefangen mit «Xix im» für eins bis «kal» für 20 hatten sie ein sogenanntes «Vigesimalsystem», das bis 20 zählt und dann Vielfache von 20 nimmt. Ähnlich ist es in der altirischen Sprache, dort heißt 80 entsprechend «ceithre fichid», was 4 x 20 bedeutet. Ähnlich ist es auch im Französischen, denn auch «quatre vingt» (4 x 20) bildet sich so. Gleiches gilt auch für die dänische Sprache. Bei den nördlichen Nachbarn heißt 80 «firs» (für firsindstyve), was ebenfalls 4 x 20 bedeutet und konsequenterweise 70 «halvfjerds», was 3 ½ x 20 meint.

In den 20 Zehen und Fingern und übrigens auch in den 20 Milchzähnen, in den geometrischen Körpern und den 20 Bausteinen des Eiweiß – immer geht es bei der 20 um ein sprichwörtliches Ergreifen des Raumes.

Oft erfährt man durch die Teiler einer Zahl etwas von deren Charakter. Es lohnt sich deshalb, diese Faktoren ins Auge zu nehmen. Bei der Zahl 20 sind es 4 und 5. Mit den vier Himmelsrichtungen, den vier Elementen repräsentiert diese Zahl das Irdische, den Raum. Die Fünf erscheint in der antiken Elementenlehre als die «Quinta Essentia», das Geistige des Weltalls und des Menschen. Leonardo da Vinci hat in seinem Gemälde der menschlichen Gestalt im Pentagramm diese Beziehung zur Fünf ins Bild gebracht. Die 20 ist das Produkt, das Zusammenspiel von Raum und Mensch.

Vielleicht ist deshalb, wie in Japan oder Taiwan üblich, tatsächlich 20 die Zahl der Volljährigkeit – die Zeitspanne, in der man sich als Mensch mit der Erde verbunden hat und deshalb in vollem Umfang Verantwortung für sich selbst zu übernehmen vermag.

Johann Sebastian Bach
Jean Paul
Jean Baptiste Joseph Fourier
Augustin Louis Cauchy
Charlotte Brontë
Alfred Nobel
Modest Mussorgski
Edouard Schuré
Sophie Stinde
Heinrich Wölfflin
H. G. Wells
Ludwig Thoma
Fritz Graf von Bothmer
Lili Boulanger
René Magritte
Ernest Hemingway
Jean-Paul Sartre
Konrad Bloch
Heinrich Böll
Gabriele Wohmann
Françoise Sagan
Frieder Nögge

die Zahl zwischen
Ewigkeit und Zeitlichkeit

Zeit ist wie Ewigkeit und Ewigkeit wie Zeit,
so du nur selber nicht machst
einen Unterschied.

Angelus Silesius

Cherubinischer Wandersmann

21-mal donnerten die Kanonen, als die schwedische Kronprinzessin im Juni 2010 ihr Jawort gab, 21-mal, als Präsident Obama vereidigt wurde, und 21-mal rollten auch die Salutschüsse, als 2008 die englische Queen Deutschland besuchte. Warum 21-mal?

Als im 14. Jahrhundert die Segelschiffe mit Kanonen ausgerüstet wurden, durften sie nicht gefechtsbereit in den Hafen einlaufen. So feuerten sie das Pulver aus ihren Kanonen ohne Kugeln ab. Aus diesem Friedenszeichen wurden die Salutschüsse. Es waren sieben, denn so viele Kanonen hatten diese frühen Kriegsschiffe. Vermutlich, weil die Kanonen an Land schneller feuern konnten, wurde aus den sieben Salutschüssen 3 x 7 Schüsse. Dabei ist es bis heute geblieben.

Aber auch innere Gründe sprechen für den 21-fachen Donner, denn 21 ist eine große Zahl – nicht der Quantität nach, sondern vielmehr von ihrer inneren Beschaffenheit her. Sie ist das Produkt aus 3 und 7. Das sind nicht nur die drei Summen, die sich im Spielwürfel aus gegenüberliegenden Zahlen ergeben (1 + 6, 2 + 5, 3 + 4) = 21, sondern es sind beides besonders aussagekräftige Zahlen. Drei ist die Zahl des Geistes, die Zahl der göttlichen Trinität, und sieben ist die Zahl der Entwicklung, die Zahl der Zeit. 21 ist somit die Vereinigung von Geist und Zeit. Tatsächlich ist der menschliche Geist mit 21 Jahren vollständig in der Zeit, das heißt im Diesseits, angekommen, hat im umfassenden Sinn erst dann seine Volljährigkeit erreicht.

Wenn in religiösen Texten eine Aufzählung erscheint, so ist die Anzahl dabei kaum Zufall. Die wohl größte geschlossene Aufzählung, die sich in der Bibel finden lässt, führt wieder auf die 21, denn 21 Eigenschaften finden sich im sogenannten «Buch der Weisheit», wenn vom Wesen der Weisheit die Rede ist. Es sind gewissermaßen 21 Salutschüsse, die bei dieser Lobesrede auf den göttlichen Wert der Weisheit donnern.

Es heißt dort im 7. Kapitel, dass in der Weisheit ein Geist wohne, «der verständig ist, heilig, einzigartig, vielfältig, fein, behänd, durchdringend, rein, klar, unversehrt, freundlich, scharfsinnig, ungehindert, wohltätig, menschenfreundlich, beständig, gewiss, ohne Sorge; sie vermag alles, sieht alles und durchdringt selbst alle Geister, die verständig, lauter und sehr fein sind.» Wer mit den genannten Eigenschaften zählt, kommt auf 21 Eigenschaften, die hier – vermutlich aus der Feder Salomons – beschrieben werden. Das menschliche Vermögen der Weisheit ist nichts anderes als die Fähigkeit, aus der Welt der Ideen, aus der Welt des Ewigen etwas in die Sprache und Erinnerung und damit in das Zeitliche zu holen. Die Verzeitlichung des Ewigen ist gerade das, was durch das Zusammenspiel der Sieben und der Drei, der beiden Faktoren der 21, entsteht.

Im für die Schicksalsdeutung verbreiteten Tarotkartenspiel ist die 21. Karte die höchste Karte. Sie repräsentiert die Welt, das ganze Universum. Eine Bedeutung, die die 21 schon im Altertum hatte, ist es, die Dreieckszahl der Zahl 6 zu sein. Was ist damit gemeint? Während man zur Zahl 6 kommt, indem man sechsmal jeweils 1 hinzuzählt, nimmt man bei den Dreieckszahlen erst 1, dann 2, dann 3 hinzu. Dadurch entsteht eine besondere Zahlenreihe, zu der die besonderen Zahlen 36, 153 und 666 gehören. Das sechste Glied dieser Zahlenreihe ergibt 21, denn $1 + 2 + 3 + 4 + 5 + 6 = 21$.

Die 21 ist somit ein höherer Ausdruck der Zahl 6, einer Zahl besonderer Vollkommenheit.

Im aktuellen Jahrhundert hat die Menschheit – bzw. vielmehr alle Kulturen mit christlicher Zeitrechnung – noch 90 Jahre Zeit, die 21 ins Sprachgefühl einzuschreiben. Dass sich das lohnt, zeigt ihre besondere Beziehung zu Zeitlichkeit und Ewigkeit.

Immanuel Kant
Gotthold Ephraim Lessing
Wilhelm von Humboldt
André Maire Ampère
George Gordon Noel Byron
Arthur Schopenhauer
Michael Faraday
Frédéric Chopin
Franz Liszt
Gregor Mendel
Arthur Conan Doyle
Claude Debussy
Ita Wegman
Caroline von Heydebrand
Srinivasa Ramanujan
Franz Löffler
Vladimir Nabokov
Yehudi Menuhin
Hans Scholl
Doris Lessing
Gerhard Kienle
Klaus-Maria Brandauer

22
Die Zahl der Sonne

Nichts Schönres unter der Sonne
als unter der Sonne zu sein …

Ingeborg Bachmann

An die Sonne

Voraussichtlich wird es 2024 das nächste Mal sein, dass die Sonnenflecken wieder ihre größte Ausdehnung erreicht haben. Nach dem Sonnenfleckenmaximum 2013/14 klingt die Häufigkeit der typischen Dunkelzonen auf ihrer Oberfläche wieder ab. Erstmals waren es vermutlich chinesische Astronomen, denen im ersten Jahrhundert v. Chr. an der untergehenden Sonne diese rätselhaften Flecken auffielen, die die Größe der Erde überragen können.

Für die Menschen der Antike muss es ein Schock gewesen sein, dass das zentrale Gestirn, in den meisten Religionen Symbol für Liebe und Weisheit, dass diese «gottähnlichste Erscheinung der Natur» Verunreinigungen besitzen sollte.

Blickt man mit einem Filter auf dem Fernrohr – dessen Erfindung im 17. Jahrhundert die Sonnenfleckenforschung beginnen ließ – auf die Sonne, erscheinen diese fleckenartigen Gebilde von 1000 bis 50.000 km Durchmesser als schwarze Einschlüsse. Die dunkle Farbe täuscht jedoch, denn auch innerhalb der Flecken liegt die Temperatur noch bei 4000° C und strahlt entsprechend hell. Gegenüber der Umgebung, deren Temperatur 6000° C besitzt, wirken die Flecken allerdings dunkel und kalt. Heftige Magnetstrudel bremsen in ihnen den Zufluss von «frischer» Wärme und Licht aus dem Innern der Sonne.

Nach einigen Wochen oder Monaten lösen sich die Flecken wieder auf, neue bilden sich an andern Orten aus.

Die Häufigkeit ihres Erscheinens folgt einem langwelligen Rhythmus. Durchschnittlich alle elf Jahre zeigt sich auf der Sonne ein Maximum an Sonnenflecken. Dieser Sonnenfleckenzyklus ist Ausdruck eines umwälzenden inneren Vorgangs der Sonne. Er ist noch wenig verstanden, führt aber dazu, dass sich alle elf Jahre das gesamte Magnetfeld der Sonne umpolt. Nach 22 Jahren besitzt das Magnetfeld dann wieder seine gleiche Ausrichtung, weshalb der eigentliche Zyklus der Sonne, der sogenannte «Hale-Zyklus», 22 Jahre dauert.

Um ihn und das Auftreten der Sonnenflecken wahrzunehmen, braucht man nicht unbedingt ein Fernrohr. Wer in Nordeuropa Polarlichterscheinungen verfolgt oder sich als Meteorologe für die Dicke der äußersten Lufthaut der Erde interessiert, der wird den gleichen elfjährigen Rhythmus, dem der 22-jährige Rhythmus als ein 2/4-Takt zugrunde liegt, feststellen. Wie das Polarlicht steht auch die Dicke der Exosphäre in unmittelbarem Zusammenhang mit den Sonnenflecken. Die Erde atmet regelrecht im Rhythmus der Sonnenflecken.

Es ist interessant, an welcher anderen Stelle die 22 noch auftritt: Mit der aramäischen Schrift aus dem 18. Jahrhundert v. Chr. existiert eines der frühesten Alphabete der menschlichen Kultur. Aus ihm entwickelte sich das hebräische Alphabet, aus dem auch die Kabbala hervorging, jene Lehre, nach der jedem Buchstaben ein Zahlenwert zugeordnet wird (1, 2, 3 bis 10; 10, 20, 30 bis 100; 100, 200, 300 bis 400). 22 Buchstaben – Vokale kannte man bei den antiken Schreibsystemen nicht – umfasst das hebräische Alphabet und somit auch 22 Zahlen. In diesem Alphabet, diesen «heiligen Zeichen» sei, so die antike Vorstellung, der Geist der ganzen Welt versammelt, weshalb die Schrift auch alles zu benennen und zu fassen vermag.

Damit ist die Brücke zur Sonne und ihrem 22-jährigen Rhythmus gefunden, denn auch die Sonne scheint auf die ganze Welt, repräsentiert die ganze Welt. So scheint die Zahl 22, die Summe aus den vollkommenen Zahlen 10 und 12, selbst von sonnenverwandter Größe zu sein.

Georg Friedrich Händel
William Turner
Philipp Otto Runge
Stendhal
Adalbert Stifter
Edouard Manet
Max Planck
David Hilbert
Emmi Noether
Raymond Chandler
Anna Achmatowa
Sergei S. Prokofjew
Erich Kästner
Rudolf Frieling
Else Klink
Akira Kurosawa
Paul Celan
Jeanne Moreau
Ray Charles
Romy Schneider
Anatoli Karpow
Judit Polgar

die Zahl der Ordnung
des menschlichen Lebens

Die Eltern geben bei der Zeugung eines Kindes
die Chromosomen her –
aber sie hauchen nicht den Geist ein.

Viktor Frankl

Viktor Frankl und die Philosophie

Im menschlichen Körper geschieht es 50 Millionen Mal pro Sekunde, und trotz seiner mikroskopischen Dimension gehört es zweifellos zum größten Wunder, das die Natur fortwährend hervorbringt. In das verknäulte Lebenschaos der Zellkerne von 50 Millionen Körperzellen kommt mit einem Mal Ordnung hinein. Unter dem Mikroskop erscheinen in dem Wirrwar innerhalb der Zelle die einzelnen bänderartigen Chromosomenpaare. Wie von Geisterhand bewegt, wandern sie in die Mitte, die Äquatorebene der Zelle, und werden dabei jeweils von einem Pol der Zelle durch feine Fäden gehalten. Die Chromosomenhälften lösen ihre Verbindung zueinander; damit besteht nun zweimal die gleiche Erbsubstanz, sodass die Zelle sich in zwei identische Zellen teilen kann. Die Fäden ziehen die getrennten Chromosomen zu sich, die Zelle schnürt sich ein und wird zu zwei Zellen, in denen die Chromosomen sich wieder in ein freies Knäuel verschlingen. Die Ordnung wird wieder aufgegeben, die beiden Zellen beginnen zu wachsen, die Chromosomen verdoppeln sich für die nächste Zellteilung.

«Zellteilung» ist dabei eigentlich ein unglückliches Wort, denn es legt nahe, dass etwas Bestehendes aufgeteilt wird, so wie man beispielsweise ein Brot teilt. Richtiger wäre es, von «Zellschöpfung» oder «Zellbildung» zu sprechen.

Nun hat jedes Tier und jede Pflanze ihre typische Anzahl an Chromosomen. Aus der Größe dieser Zahl kann man allerdings nicht auf den Rang im Naturreich schließen. So hat beispielsweise die Ente gegenüber den 23 Chromosomenpaaren des Menschen 17 Paare mehr und die Blindschleiche nur ein Paar weniger. Gleichwohl scheinen Tier und Mensch genau ihre besondere Zahl zu besitzen. Denn sobald sie – zum Beispiel durch eine Komplikation bei der Befruchtung – abweicht, kommt es zu gravierenden Beeinträchtigungen, wie beispielsweise beim Down-Syndrom das 21. Chromosom vermehrt vorliegt.

Während bei Kulturpflanzen die Pflanzenzüchter den Chromosomensatz verdoppeln können und so größere Kartoffeln oder Äpfel erreichen, ist das bei Tier und Mensch kaum möglich, ohne dass dabei die Fruchtbarkeit verloren ginge. Es scheint, als ob bei höheren Organismen jede Art ihre Zahl besitzt: die Biene 16, der Affe 24 oder der Goldfisch 47 Chromosomenpaare.

Zum Menschen gehört die Zahl 23, die wir übrigens mit kaum einem Tier, dafür aber beispielsweise mit der

Esche teilen. Mit jeder Zellteilung, mit jeder Form von Wachstum und Fortpflanzung ordnet sich das menschliche Leben im Kleinen gemäß der Zahl 23 beziehungsweise, weil Chromosomen im Menschen als Paare auftreten, der Zahl 46.

Was macht die 23 aus, dass sie eine solche Rolle im Mikrokosmos des Menschen spielt? Einen Hinweis gibt die Zahlenlehre. Wie 5, 7 oder 11 ist auch 23 eine Primzahl. Das bedeutet, dass keine andere Zahl in ihr enthalten ist. 23 ist deshalb wie diese anderen Zahlen solitär, ursprünglich. Wer seinen Zahlensinn sensibilisiert, merkt, dass diese Zahlen einen starken eigenen Charakter haben.

Nun nehmen 7 und 23 unter den Primzahlen eine Sonderrolle ein, denn diesen Zahlen folgen erstmals eine größere Menge von teilbaren Zahlen. So folgen auf die Zahl 7 mit 8, 9 und 10 erstmals drei teilbare Zahlen, bis mit 11 wieder eine Primzahl auftaucht; bei der 23 sind es erstmals fünf teilbare Zahlen, die auf die Primzahl folgen. 7 und 23 – und dann erst wieder 89 – sind Zahlen, die vor größeren Primzahllücken stehen und deshalb im gesteigerten Sinne charaktervolle Zahlen sind.

Geronimo Cardano
Baruch Spinoza
Laurence Sterne
E. T. A. Hoffmann
Wilhelm Grimm
Alexandre Dumas, d. Ä.
Margarete Steiff
Edith Wharton
Frank Wedekind
Henri de Toulouse-Lautrec
Emanuel Lasker
Carl Kemper
Eugen Roth
Jorge Luis Borges
Hugo Kükelhaus
Graham Sutherland
Bernhard Grzimek
Wassili Smyslow
Claude Chabrol
Alfred Schnittke
Joseph Brodsky
Bob Dylan

24

DIE ZAHL, DIE ALLE UMSCHLIESST

Wie oft hast du diese Gestirne leuchten gesehen und haben sie dich nicht jederzeit anders gefunden? Sie aber sind immer dieselbigen und sagen immer dasselbige: wir bezeichnen, wiederholen sie, durch unsern gesetzmäßigen Gang, Tag und Stunde; frage dich auch, wie verhältst du dich zu Tag und Stunde?

Johann Wolfgang Goethe
Wilhelm Meisters Wanderjahre

Der inneren Beschaffenheit der Zahlen nähert man sich auf drei Wegen. Der erste ist die Mathematik. Jede Zahl erzählt etwas über sich selbst, wenn man untersucht, wie sie mit den anderen Zahlen in Beziehung steht. Das Zahlenreich zeigt sich dann wie eine Landschaft und jede Zahl hat darin ihren Platz, der etwas über ihre innere Natur aussagt. Außerdem kommen Zahlen auf charakteristische Weise in der Natur vor, in Pflanze, Tier und Mensch, und schließlich erscheinen sie – das ist ihre königliche Seite – an besonderen Stellen in Kultur und Religion. Bei der Zahl 24 lohnt es sich, alle drei Wege zu verfolgen. In der Beziehung zu den anderen Zahlen ist sie einzigartig. Sie ist die kleinste Zahl, die sieben andere Zahlen als Teiler in sich trägt. Es sind die Zahlen 1, 2, 3, 4, 6, 8, 12. Keine andere kleine Zahl besitzt eine solche Fülle an Gliedern, wird zum Gefäß so vieler anderer Zahlen. Die 24 ist auf diese Weise mit der Zahl 7 verwandt.

Ist sie die kleinste Zahl mit sieben Teilern, so ist sie außerdem auch die größte Zahl im Zahlenreich, für die gilt, dass alle Zahlen, kleiner als deren Wurzel, Teiler dieser Zahl sind. 4,89 ist die Wurzel von 24 und 1, 2, 3 und 4 sind ihre Teiler. Vergleichbar einem Flussdelta münden alle Zahlenreihen in 24. Den besonderen Reichtum der 24 bekommt man auch zu fassen, wenn man vor jedem Winteranfang Tag auf Tag auf 24 zählt, bis man schließlich in dem Fest des Lichtes und der Liebe anlangt. In der Tradition des Weihnachtskalenders kommt es am schönsten ins Bild. Das letzte, größte Türchen gehört der 24. Übrigens ist dieses Datum älter als das Christentum. Die Festlegung des Weihnachtsfestes auf die Nacht vom 24. auf den 25. Dezember folgt der antiken Sonnenverehrung, in der dieser Tag als das Fest des «Sol invictus», der unbesiegten Sonne, gefeiert wurde.

So wie diese Zahl eine Fülle von Zahlen umschließt, so erscheint sie auch im Menschen. 24 Rippen bilden den Brustkorb, umspannen die Mitte des Menschen, halten die innere Organe. Dabei sind allerdings die letzten zwei Rippen nur als «Stummel» vorhanden, und die vorletzten wachsen verkürzt mit ihren Nachbarn zusammen, als solle der Brustkorb offen genug bleiben.

Dass die 24 das Ganze zu umfassen vermag, findet sich auch in der Zeitrechung wieder: In babylonischer Tradition teilen wir den Tag in 24 Stunden. Vermutlich war es diese Eigenschaft der 24, welche die frühen mosaischen

Gelehrten dazu brachte, den «Tenakh», die jüdische Bibel, in 24 Bücher zu gliedern: Beginnend mit der Genesis, besteht die Tora aus fünf Büchern, dann die acht Bücher der Propheten und schließlich die elf «Schriften» vom Buch Josua über das Hohe Lied zu den Chroniken von Israel. Wieder umspannt die 24 das Ganze.

Es ist ein mathematisches Rätsel: Nimmt man von einer Primzahl (größer als 3) das Quadrat und vermindert das Ergebnis um 1, ($p^2 - 1$), so ist dieses Resultat immer durch 24 teilbar. Wie ist es möglich, dass die Primzahlen immer auf 24 führen? Drei Beispiele: $5 \times 5 - 1 = 24 = 1 \times 24$ oder $7 \times 7 - 1 = 48 = 2 \times 24$ oder $11 \times 11 - 1 = 120 = 5 \times 24$. Der Beweis soll nicht fehlen: $p^2 - 1$ ist nichts anderes als $(p + 1) \times (p - 1)$, also das Produkt der beiden Nachbarn der Primzahl. Beide müssen gerade sein, das heißt durch 2 teilbar, und notwendigerweise muss eine von beiden durch 4 teilbar sein, weil jede zweite gerade Zahl der Viererreihe angehört. Das Produkt einer durch 4 teilbaren und durch 2 teilbaren Zahl ist wiederum durch 8 teilbar. Nun gilt, dass von drei aufeinanderfolgenden Zahlen eine durch 3 teilbar ist. Die Primzahl ist es nicht, also muss entweder die kleinere ($p - 1$) oder die größere ($p + 1$) durch 3 teilbar sein. Das Produkt der beiden Zahlen ist somit nicht nur durch 8, sondern auch durch 3 teilbar – also insgesamt durch 24 teilbar.

Angelus Silesius
Johann Gottfried Herder
Robert Burns
Evariste Galois
Auguste Renoir
Karl May
Carl Friedrich Benz
Antoni Gaudi
Walo von May
Béla Bartók
Pablo Picasso
Virginia Woolf
Karl König
George Orwell
Elias Canetti
Louise Bourgeois
Julius Robert Mayer
Ella Fitzgerald
Leonard Bernstein
Ingeborg Bachmann
Glenn Gould
Wladimir Kramnik

bei sich und über sich hinaus

Lass uns vergessen, dass es eine Zeit gibt,
und zähle die Lebenstage nicht!
Was sind Jahrhunderte gegen den Augenblick.

Friedrich Hölderlin

Hyperion an Bellarmin

Quadratzahlen strahlen eine besondere Kraft aus. Sie entstehen, wenn eine Zahl mit sich multipliziert wird, wenn sie mit und durch sich selbst gesteigert wird. Arithmetisch ist das Quadrieren ein einfacher Vorgang, der in unzähligen Formeln, von der Berechnung des Dreiecks nach Pythagoras über das Fallgesetz bis zu Einsteins Äquivalenzformel von Energie und Masse ($e = mc^2$), erscheint. Doch was geschieht eigentlich, wenn man eine Zahl mit sich selbst multipliziert? Man kann nicht Birnen mit Äpfeln multiplizieren, das weiß man von der Schulbank. Aber was geschieht, wenn man Birnen mit Birnen malnimmt? Geometrisch ist es möglich. Durch die Multiplikation mit sich selbst kennzeichnet die Zahl nicht mehr eine Anzahl von Dingen oder Schritten, das heißt eine Strecke. Jetzt wird aus der Strecke eine Fläche. Eine neue Dimension wird erreicht, was mit einem Verlust an Anschaulichkeit bezahlt wird, denn eine Fläche ist weniger greifbar als eine Strecke, man kann sie nicht ablaufen, sondern nur gedanklich erfassen. Ähnlich ist es mit der

Qualität der Zahlen. Auch sie scheint sich von der 3 zur 9, der 4 zur 16 zu steigern und zugleich etwas von ihrer Handgreiflichkeit einzubüßen.

Unter den Quadratzahlen spielen die Quadrate von Primzahlen eine besondere Rolle, weil für sie das Gleiche gilt wie für die Zahlen, aus denen sie hervorgegangen sind: sie haben keine fremden Teiler. Während 36, das Quadrat von 6, auch durch 4 oder 12 teilbar ist und deshalb auch ohne Quadrieren erreicht werden kann, sind 4, 25 und 49 ausschließlich auf ihre Grundzahl bezogen. Sie sind deshalb «reine» Quadratzahlen. In der üblichen Schreibweise des Dezimalsystems ragt die 25 über die beiden anderen Quadratzahlen 4 und 49 noch hinaus, indem sie die 5 als Ziffer behalten hat – man sieht ihr ihren «Stammbaum» sofort an. Keine andere Zahl ist so offensichtlich und eindeutig eine Quadratzahl wie die 25. So ist 25 auch die kleinste Quadratzahl, die sich als Summe zweier anderer Quadratzahlen darstellen lässt. $3^2 + 4^2 = 5^2 = 25$, eine Tatsache, die bereits die alten Ägypter kannten und für die Konstruktion rechter Winkel nutzten. Eine Schnur mit Knoten im gleichen Abstand wurde an einen Winkel angelegt. Vom dritten Knoten eines Schenkels zum vierten Knoten des zweiten Schenkels wurde eine weitere Schnur gespannt, die beim rechten Winkel nun 5 Knoten messen musste.

Sie ist somit die Quadratzahl unter den Quadratzahlen

und hat vermutlich auch deshalb einen besonderen Rang in der esoterischen Tradition. So gibt es die fünf mal fünf Kerzen, die 25 in der Mitte der sogenannten magischen Quadrate.

Die Quellkraft, die in den Quadratzahlen liegt, zeigt sich bei der 25 noch von anderer Seite. Seien es die 25 Cent als Quarter, als Vierteldollar, die sesterze im Römischen Reich als viertel Dinar oder die 25 Jahre als Viertel eines Jahrhunderts: Wer die 25 ausspricht, bezieht sich häufig auf die Hundert. Mit 25 erfüllt sich schon etwas von der Hundert. Deshalb ist die Dauer von 25 Jahren die bedeutendste Spanne einer Ehe, weil mit dieser sogenannten silbernen Hochzeit sich bereits etwas von der Länge eines Jahrhunderts erfüllt. Doch nicht nur als Brückenpfeiler zur Hundert und als herausragende Quadratzahl, sondern auch noch als Summe der ungeraden einstelligen Zahlen, denn $1 + 3 + 5 + 7 + 9 = 25$.

William Shakespeare
Antoine Lavoisier
Victor Hugo
George Bernard Shaw
Hilma af Klint
Hermann Linde
Carl Gustav Jung
Andrej Belyj
Hanns Voith
Elsa Brandström
Ludwig Wittgenstein
Pearl S. Buck
Aldous Huxley
Peggy Guggenheim
George Gershwin
Viktor Frankl
Salvador Allende
Eugène Ionesco
Tennessee Williams
Wilhelm-Ernst Barkhoff
Swetlana Geier
Patrick Süskind

die Zahl der Schrift

Das Wort ist nur der Körper
von unsern innern Empfindungen.

Philipp Otto Runge

an Pauline Bassenge, April 1803

*D*er große Mathematiker Pierre de Fermat hatte es bewiesen, dass für keine andere Zahl gilt, was für die Zahl 26 zutrifft. Nur sie hat als Nachbarn eine Quadratzahl ($25 = 5^{2)}$ und eine Kubikzahl ($27 = 3^{3)}$. Wohl gibt es Quadratzahlen und Kubikzahlen die direkt beieinander liegen, wie 8 und 9. Hier tritt die schöne Spiegelung auf mit 2^3 und 3^2 – Basis und Potenz sind gegenseitig vertauscht. Auch können Quadrat- und Kubikzahlen auf ein und dieselbe Zahl treffen. Die kleinste Zahl, für die das zutrifft, ist 64. Sie ist 4^3 und zugleich 8^2. Das Privileg, sowohl eine Quadratzahl als auch eine Kubikzahl zu sein, haben all diejenigen Zahlen, deren Grundzahl des Quadrats selbst eine Kubikzahl ist. Nach 64 (hier ist die 8 selbst eine Kubikzahl aus 2) gilt das für 729, was sowohl 9^3 auch 27^2 ist. Doch im gesamten Zahlenreich gibt es nur einmal den Fall, dass zwischen Quadrat und Kubik, zwischen Fläche und Würfel die Lücke einer Zahl besteht – der 26. Wie auch in anderen Fällen publizierte Pierre de Fermat diese Tatsache, verschwieg aber den Beweis, um andere Mathematiker herauszufordern. Die Beweisführung war allerdings so kompliziert, dass es beispielsweise den zeitgenössischen Zahlentheoretikern Wallis und Digby nicht gelang, Fermats These zu beweisen.

Bei der Zahl 26 ist es somit der besondere Ort mit der einzigartigen Nachbarschaft, der ihren Charakter ausmacht. Damit lässt sich die Brücke schlagen zu einer anderen Eigenschaft der 26, wo es ebenfalls auf den Ort ankommt. Gemeint ist das Alphabet. Ohne die Umlaute ö, ä und ü umfasst es als sogenanntes lateinisches Alphabet 26 Buchstaben und gilt in der englischsprachigen Welt ebenso wie in Südamerika. Damit ist es die meistverbreitete Schrift, und sie besteht aus 26 Bausteinen, zu dem jede Sprache noch ihre eigenen Phrasierungen und Sonderlaute ergänzt.

Es gehört zu den Rätseln der Kulturgeschichte, dass bereits 1000 Jahre vor dem lateinischen Alphabet die 26 als Zahl der Schrift in Erscheinung tritt. Gemeint sind die vier hebräischen Buchstaben JHWH, die als Tetragramm den Schöpfer, den Gott und Erlöser benennen. Wie auch in anderen antiken Schriften wurden die Vokale wegen ihres vermeintlich hohen Ranges nicht in die Schrift gebannt. Im jüdischen Glauben ist gemäß des Gebotes «Missbrauche nicht den Namen deines Gottes» dieser Name unaussprechbar. Nur die Hohepriester durften am Jom Kippur, dem höchsten Feiertag, den Namen aussprechen. Als diese Tradition im ersten nachchristlichen Jahrhundert verloren ging, verschwand auch bald die richtige Aussprache der Konsonantenfolge, sodass heute unklar ist, ob es Jahwe oder Jehowa lauten muss. Gemäß der antiken Zahlenmystik entspricht nun jeder Buchstabe einem Zahlenwert, und viele religiöse Namensgebungen verraten etwas von sich, wenn man sie als Zahlen zu entschlüsseln vermag. Das mag überraschend klingen, da die Zuordnung ja rein schematisch geschieht. Bei JWHW sind 10 für Jod, zweimal 5 für Waw und 6 für He zu addieren, was 26 ergibt. 26 ist in diesem Sinne die Zahl des unaussprechlichen Gottes. Interessant ist außerdem, dass sich in der biblischen Darstellung 26 Generationen spannen von der Schöpfung bis zu dem Zeitpunkt, als Moses die Schrift empfängt und damit etwas vom Göttlichen irdisch wird. Nichts anderes ist die Schrift selbst, wenn man an die ägyptische Bezeichnung «Hieroglyphe» denkt, denn das bedeutet «heilige Zeichen».

Johannes Kepler
Jakob Bernoulli
Johann Bernoulli
Wolfgang Amadeus Mozart
Georg Wilhelm Friedrich Hegel
Friedrich Wilhelm Joseph Schelling
Samuel Morse
Louis Pasteur
Wilhelm Conrad Röntgen
Rudolf Steiner
Heinrich Mann
George Rouault
Enrico Caruso
Carl Bosch
Ida Rüchardt
Max Brod
Ludwig Mies van der Rohe
John Steinbeck
Rachel Carson
Hilde Domin
Mutter Teresa
Henry Kissinger

27

die Zahl des Raumes

Er, der die größten Taten lässt vollbringen,
Legt oft in schwache Hände das Gelingen.

William Shakespeare
Ende gut, alles gut

Liebe Leserin, lieber Leser,

mit dieser Karte können Sie uns Ihre Fragen und Wünsche oder Ihre Meinung zum Buch mitteilen.

Diese Karte entnahm ich dem Buch: _____

Meine Meinung zu diesem Buch:

Ich habe folgende Fragen / Wünsche:

Weitere Informationen zum Verlag Freies Geistesleben
und seinen Büchern finden Sie im Internet:
www.geistesleben.com | www.facebook.com/geistesleben

☐ Bitte senden Sie mir das aktuelle Gesamtverzeichnis

☐ Ich bin auch an E-Books interessiert

☐ Schicken Sie mir bitte Ihren monatlichen Newsletter

E-Mail:

Absender:

Name

Straße / Postfach

Postleitzahl / Ort

Bitte ausreichend frankieren

Deutsche Post
WERBEANTWORT

An den
Verlag Freies Geistesleben
Postfach 13 11 22
70069 Stuttgart

E s mag überraschen, aber das, was man im Leben am häufigsten betrachtet, auf dem die meiste Zeit der menschliche Blick ruht, das hat in sich die 27. Gemeint ist die menschliche Hand, deren Bewegungen bei so vielen Tätigkeiten, vom Schreiben und Malen bis zum Essen, verfolgt wird. Leider lassen sie sich nicht alle einzeln tasten. Drei Knochen hat jeder Finger und zwei der Daumen. Das macht 14. Es folgen die fünf Mittelhandknochen, von denen vier die Handfläche bilden, und schließlich liegen zum Handgelenk gewandt die acht Handwurzelknochen. Die Welt zu «begreifen» geschieht somit mit 27 Knochen. Nun ist 27 eine Kubikzahl, denn $3 \times 3 \times 3 = 3^3 = 27$. Aber anders als 8 (= 2^3) oder 64 (= 4^3) ist 27 ausschließlich durch 3 teilbar und kann nur in die dreifache Drei zerlegt werden. 27 ist deshalb im absoluteren Sinne eine Kubikzahl, eine Zahl des Raumes. Nun ist es die Drei, die zweimal mit sich selbst multipliziert wird. Es gibt eine interessante anthropologische Überlegung, gewissermaßen als Meditationsstoff, für die

27: Wer den menschlichen Organismus, aber auch die menschliche Seele betrachtet, entdeckt bald, dass sich eine Dreigliederung wie ein roter Faden durch Körper und Geist des Menschen zieht. So wie die Psyche sich in Denken, Fühlen und Wollen dividiert, so lässt sich auch im Körper diese Gliederung wiederfinden. Zum Denken gehört der Kopf, und wie das Denken ist er arm an Bewegung und arm an Stoffwechsel. Hier dominiert das Bewusstsein. Dem gegenüber stehen die Gliedmaßen, hier dominiert die Tätigkeit. Dazwischen steht der Rumpf mit seinen Organen als Ort des Fühlens. Nun kann wieder – und das ist ein Grundzug des Lebendigen – jeder dieser Lebensbereiche des Körpers vom Gesichtspunkt dieser Dreigliederung betrachtet werden. Man kann im Kopf wieder Wille und Gefühl und Denken suchen und stößt auf Kiefer und Kauwerkzeug als die «Beine des Kopfes», stößt auf Mimik, Nase und Blick, als Gefühls- und Gemütsseite des Hauptes und schließlich die unbewegliche Stirn und das Gehirn als Ort des Denkens. Ähnliches gilt für den Rumpf. Auch hier gibt es einen zum Denken hinneigenden Bereich, das heißt mit wachem Bewusstsein ausgestattetes Gebiet, das sind die Lungen, demgegenüber ist im Herzen weniger Bewusstsein – Ort des Gefühls und schließlich in der Verdauung, in Magen, Darm und Leber geschieht ohne Bewusstseinsanteil die Tätigkeit, hier regiert der Wille.

Schließlich lässt sich auch in den Gliedmaßen Denken, Fühlen und Wollen finden. «Fingerspitzengefühl» nennt man das Bewusstsein im Tasten. Der Exkurs in den Aufbau der menschlichen Konstitution zeigt dreimal die Drei verwirklicht. Nun bedeutet Leben Beziehung. Diese drei mal drei einzelnen Bereiche liegen nicht getrennt voneinander vor, sondern befinden sich im fortwährenden Wechselspiel. Mathematisch heißt das $3 \times 3 \times 3 = 3^3 = 27$ Formen des leiblich-seelischen Zusammenspiels.

Wie die Handknochen ist die 27 hier recht verborgen. Doch wo taucht sie sinnenfälliger auf? Im Mond. Denn der Mond benötigt für den Wechsel seiner Phasen 29,5 Tage. Da er etwa 36 Stunden vor und nach Neumond nicht zu sehen ist, kann man ihn im besten Fall 26,5 Tage – und das können 27 Nächte sein – beobachten. Aus diesem Grund galt die 27 im Altertum als Zahl des Mondes.

Der Zusammenhang zur Räumlichkeit der 27 lässt sich hier ebenfalls ziehen: Auf dem Erdtrabanten ist es gerade noch möglich, räumliche Strukturen zu entdecken, sodass der Mond gewissermaßen ein Grenzstein ist für die unmittelbar erfahrbare Räumlichkeit.

Michel de Montaigne
Peter Paul Rubens
Jean-Jacques Rousseau
Pierre-Simon Laplace
Johann Wolfgang Goethe
Anton Grigorjewitsch Rubinstein
Sidonie-Garbrielle Colette
Karl Kraus
Carl Unger
Alexander Blok
Stefan Zweig
Arthur Eddington
Arthur Rubinstein
Peter Suhrkamp
Kurt Gödel
Ian Fleming
Francis Bacon
Jackson Pollock
György Ligeti
Harper Lee
Yves Klein
Mario Vargas Llosa

28

die Zahl des Mondes

Mondnacht

Es war als hätt der Himmel
Die Erde still geküsst,
Dass sie im Blütenschimmer
von ihm nun träumen müßt'.

Joseph von Eichendorff

n der antiken griechischen Zahlenlehre gilt sie als vollkommene Zahl, als *numerus perfectus,* denn was nur wenige Zahlen fertig bringen, gilt für die 28: Die Summe ihrer Teiler gibt wiederum die Zahl selbst, die 28. $1 + 2 + 4 + 7 + 14 = 28$. Vom mathematischen Gesichtspunkt sind die Teiler der Inhalt der Zahl. 28 ist in diesem Sinne mit ihrem Inhalt identisch. Sie ist also mit sich selbst vollständig in Übereinstimmung. Neben der 28 taucht dieses Phänomen bei der 6, der 496 und dann bei 8128 auf. Dann folgt eine große Lücke, denn erst 33.550.336 ist die nächste vollkommene Zahl. Bereits der griechische Mathematiker Euklid hatte entdeckt, dass mit der Formel $2^{n-1}(2^n - 1)$ sich die vollkommenen Zahlen ermitteln lassen, wobei $2^n - 1$ eine Primzahl sein muss. So ergibt für $n = 3 : 2^{3-1}(2^3 - 1) = 4 \times 7 = 28$.

Es lohnt sich, um sich der 28 zu nähern, die Teiler 4 und 7 zu betrachten. Sieben ist die Zahl der Entwicklung, der Zeit, und vier kennzeichnet in den vier Himmelsrichtungen, den vier Elementen, im geometrischen Bild des Quadrats, das Irdische. Beide zusammengenommen bedeuten somit, dass Erde und Zeit oder Entwicklung sich verbinden, oder dass beispielsweise eine Entwicklung zum Irdischen hinführt. Außerdem ist 28 die Summe der ersten sieben Zahlen, was ihre starke Beziehung zur Zahl 7 unterstreicht.

Der Zusammenhang von Erde und Entwicklung weist auf den Mond, der in beinahe 28 Tagen durch den Tierkreis wandert, wobei schon im Altertum dieser Lauf als vier mal sieben Tage betrachtet wurde, weil es etwa eine Woche von Neu- zu Halbmond und von Halbmond zu Vollmond und umgekehrt von Voll- zu Halbmond dauert.

Da die Erde währenddessen ebenfalls weitergerückt ist, dauert es noch weitere zwei Tage, bis wieder die gleiche Phase des Mondes erscheint. In seinem 28-tägigen Lauf durch den Tierkreis durchmisst der Mond 28 Mondstationen, besondere Sternenorte, die in vielen antiken Kulturen, wie Ägypten, Indien oder China, genau verfolgt wurden.

Für eine Mondenreligion wie den Islam war es deshalb bedeutungsvoll, dass die arabische Schrift 28 Buchstaben besitzt. So meint der berühmte arabische Mathematiker al-Biruni (1048 n. Chr.), dass dieser Zusammenhang die enge Verbindung zwischen Kosmos und dem Wort Gottes im Koran zum Ausdruck bringt. Bemerkenswert ist auch, dass der Koran 28 Propheten vor Mohammed erwähnt.*

* Annemarie Schimmel, *Die Zeichen Gottes*, 2002, S. 236.

Doch auch im Christentum erscheint die 28. So beschreibt der Philosoph Albertus Magnus, dass der Makrokosmos aus einem mystischen Leib Gottes bestehen würde, der in 28 Phasen oder Lichtarten bestehe. Er bezieht sich dabei auf eine Beschreibung im Alten Testament (Mose 23,5), und im Freiburger Münster findet sich ein Figurenzyklus, der den Weg des Menschen zu Gott darstellt, es sind 28 Figuren aus dem Alten und Neuen Testament.

Beim Menschen tritt an zwei Orten die 28 in Erscheinung. Die Schwangerschaft dauert von der Befruchtung bis zur Geburt durchschnittlich 267 Tage. Üblicherweise wird die Dauer der Schwangerschaft jedoch ab dem ersten Tag der letzten Menstruation gerechnet. Die so gerechnete Schwangerschaft dauert durchschnittlich etwa 280 Tage oder 40 Wochen. Statt die Dauer der Schwangerschaft mit 9 Kalendermonaten anzugeben, ist es deshalb sinnvoll, den Medizinern zu folgen und in Mondmonaten zu jeweils 28 Tagen oder vier Wochen zu rechnen. Der zweite Ort betrifft die menschliche Biografie. Volljährigkeit besteht mit 18 oder spätestens mit 20 bzw. 21 Jahren. Der Zeitpunkt, in dem der Rückenwind des leiblichen Aufbaus jedoch zum Versiegen kommt und die eigene Initiativkraft über die Persönlichkeitsentwicklung entscheidet, dieser Zeitpunkt liegt erfahrungsgemäß kurz vor 30 Jahren, häufig bei 28 Jahren.

Miguel de Cervantes Saavedra
John Locke
Daniel Benoulli
Charles Goodyear
Ernst Eduard Kummer
Louisa May Alcott
Anton P. Tschechow
Romain Rolland
Michael Bauer
Margareta Morgenstern-Gosebruch v. Liechtenstern
C. S. Lewis
Duke Ellington
Kurt Hendewerk
Antoine de Saint-Exupéry
Dag Hammarskjöld
Peter von Siemens
Ingrid Bergman
John F. Kennedy
Richard Attenborough
Walter Kempowski
Niki de Saint Phalle
Joachim Daniel

29

Brücke zum Höheren

Die Wahrheit steht von alleine aufrecht.

Benjamin Franklin

zitiert nach Phil Logphie,
Verschwiegene Wahrheit

Es hat seinen Grund, dass man die Aufrichtigkeit und Courage eines Menschen mit dessen aufrechtem Stand in Verbindung bringt. So wird von «Stehvermögen», «Standfestigkeit» und «Rückgrat» gesprochen, und immer ist die Integrität der Persönlichkeit gemeint. Interessanterweise spielt hierbei die 29 eine besondere Rolle. Der aufrechte Stand, der so eng mit der geistigen Souveränität, der sprichwörtlich selbstständigen Konstitution zusammenhängt, ist anatomisch durch den besonderen menschlichen Knochenbau, das Skelett und die Muskeln und Bänder, die es zusammenhalten, möglich. Nun sind es in jedem Bein, angefangen vom Oberschenkelknochen über Schien- und Wadenbein zu den Fußwurzelknochen, Mittelfußknochen und Zehen, 29 Knochen, durch die die aufrechte Haltung möglich ist. Geht man weiter aufwärts, taucht die 29 noch einmal auf: 29 Wirbel schwingen sich vom Kreuzbein über die Lenden- und Brustwirbel zum Hals. Während diese Wirbel bei jedem höheren Tier ihre eigene Anzahl besitzen, sind sich interessanterweise alle Wirbeltiere darin gleich, dass oben sieben Halswirbel den S-förmigen Schwung der Wirbelsäule abschließen. Insgesamt sind es schlussendlich mit fünf verwachsenen Wirbeln im Kreuzbein und im Lendenbereich, zwölf Brustwirbeln und den sieben Halswirbeln tatsächlich 29 der filigranen Knochensegmente, die die Statur des Menschen möglich machen. Übrigens besitzen die meisten Affenarten 30 Wirbel zuzüglich der Schwanzwirbel, ansonsten scheint jede Zahl vertreten zu sein, wenn man die Anzahl der Wirbel bei Säugetieren und Vögeln vergleicht. So hat ein Frosch nur neun, aber eine Riesenschlange über 400 Wirbel. So scheint die 29 als Anzahl der menschlichen Wirbel ein Zufall zu sein.

Gleichwohl gibt es einige mathematische Phänomene, die die Besonderheit von 29 herausstellen. So markiert sie eine Schwelle im Zahlenreich. Während 30 aus drei verschiedenen Primfaktoren gebildet ist (2, 3, 5), sind alle kleineren Zahlen nur aus zwei verschiedenen Zahlen gebildet. So besteht beispielsweise die 20 aus 2 und 5, die 28 aus 2 und 7. Die 29 ist deshalb eine Brücke zu einer höheren Komplexität der Zahlen. Dieser höhere Charakter gilt auch für 29 selbst. Sie ist die erste Zahl, die als Summe von drei Quadratzahlen ausgedrückt werden kann, denn $2^2 + 3^2 + 4^2 = 29$.

29 taucht außerdem bei zwei Himmelskörpern des

Planetensystems auf: Mond und Saturn. Der Mond benötigt für seinen Wechsel vom Vollmond zum nächsten Vollmond 29,5 Tage, und Saturn braucht 29,5 Jahre durch den Tierkreis. Mond und Saturn verhalten sich wie Tag und Jahr zueinander. Beide Wandler markieren interessanterweise Schwellen im Planetensystem. Der Mond begrenzt den irdischen Raum vom weiteren planetarischen Raum. Ähnliches gilt für Saturn auf höherer Stufe. Er grenzt das Reich der klassischen Planeten, die mit bloßem Auge zu beobachten sind, ab von den nur im Fernglas zu fassenden Transsaturnen und schließlich dem sich anschließenden interstellaren Raum. Nun ist der Mond nicht nur der Markstein zum höheren planetarischen Bereich, sondern zum Mond gehört, dass er dem Leben Kontur und Struktur zu verleihen vermag.* Gleiches gilt für die 29 Wirbel: Sie gehören zur Überwindung der tierischen Horizontalen und gleichzeitig geben sie dem menschlichen Organismus Struktur und Halt.

---

* Klaus-Peter Endres, Wolfgang Schad, *Biologie des Mondes*, 1997.

Angelica Kauffmann
Karl Friedrich Gauß
Mary Shelley
Robert Wilhelm Bunsen
Kaspar Hauser
Theodor Mommsen
Emily Jane Brontë
Theodor Fontane
Mark Twain
Paul Verlaine
Carl Gustav Fabergé
Vincent van Gogh
Henry Ford
Paul Valéry
Oskar Schmiedel
Jean Giono
Henry Moore
Hans Erich Nossack
Czesław Miłosz
Truman Capote
Boris Spasski
Magnus Carlsen

30
der große Kreis

Das größte Rätsel des Weltalls ist,
dass alles rotiert.

Arthur Eddington

zitiert nach Hartmut Warm,
Signatur der Sphären

Für Musiker erscheint die Zahl 30 in den dreißig Goldberg-Variationen, die Johann Sebastian Bach schrieb. Eine Aria stellt am Anfang eine Melodie und einen Basslauf vor, der anschließend auf 30 Arten musikalisch aufgefächert wird. Der von Bach bescheiden als «Clavier-Übung» bezeichnete Zyklus bildet die Spitze der barocken Kompositionskunst. Für Germanisten ist es der Erzählungszyklus «Das dreißigste Jahr» von Ingeborg Bachmann. Für Historiker ist es der Dreißigjährige Krieg, der von 1618 bis 1648 Europa in eine furchtbare Katastrophe führte, ganze Landstriche entvölkerte, aber zugleich die Geburt der heutigen europäischen Staaten bildete. Im mittleren und neuen Reich des alten Ägyptens bekräftigte nach 30 Jahren der Pharao in dem sogenannten Sedfest seine Herrschaft. Eine Spanne, die als Altersbegrenzung mancher Ämter bekannt ist. So durfte im alten Rom erst im Alter von 30 Jahren ein Mann Senator werden, und noch heute gilt in den USA diese Regel für das gleichnamige Amt im amerikanischen Kongress. Vermutlich ist hier die Zeitspanne der menschlichen Generationswechsel der Hintergrund, dass es vom Kind zur Mutter, zum Vater 30 Jahre dauert und somit drei Generationen ein Jahrhundert fassen.

Interessanterweise ist es der langsamste der sichtbaren Planeten, der diesen Rhythmus innehat. Beinahe 30 Jahre dauert ein Umlauf des Saturn durch den Tierkreis. Die heutige hohe Lebenserwartung bedeutet, dass drei Saturnzyklen ein Menschenleben ausmachen. Nun gilt in der esoterischen Tradition Saturn als Planet des Wachstums und der Reife. Nimmt man diese Zuweisung als Okular für die Biografie, ergeben sich drei Arten des Wachstums: Bis zum Alter von 30 Jahren befindet sich der menschliche Leib in einem Aufbau. Diese körperliche Entfaltung verleiht der seelischen Reife Rückenwind. Bis zu diesem Alter von 30 Jahren wird man klüger, ob man will oder nicht. Nach diesem ersten Drittel eines «leiblich-seelischen Wachstums» folgt eine Spanne, in der die Erfahrung kaum erspart bleibt, dass nur dasjenige im eigenen Charakter verwandelt werden kann, was man durchschaut hat. Es ist in diesem Sinne ein geistig-seelisches Wachstum, denn erst aus der Erkenntnis wächst die Seele. Die dritten 30 Jahre ab dem 60. Lebensjahr zeigen ein Wachstum, das sich noch einmal steigert und «geistig-leibliches Wachstum» überschrieben werden kann. Nun, so lautet die Beschreibung vieler Menschen dieses Lebensabschnittes, entscheidet sich die körperliche Vitalität vor allem durch die geistige Beweglichkeit und Dynamik. «Einen Tag keinen neuen Begriff – und schon dämmert es.» Das ist das Votum eines alten Menschen. Weiße Haare und das heller werdende Antlitz bringen zum Ausdruck, wie der Geist der menschlichen Persönlichkeit den Leib durchscheinend werden lässt.

Nach 30 Jahren wird jeweils eine neue Stufe erreicht. Das spiegelt auch der mathematische Blick auf die 30. Während sich alle kleineren Zahlen als Produkt von höchstens zwei Primzahlen darstellen lassen, ergibt sich 30 aus den ersten drei Primzahlen, denn 2 x 3 x 5 = 30.

Zum Schluss die Frage, die nicht fehlen darf: Warum sind es gerade 30 Silberlinge? Der Grund ist vermutlich in der damaligen jüdischen Rechtsprechung zu suchen. In dem Fall, dass ein Mensch einem fremden Haustier zum Opfer fiel, wurde das Tier gesteinigt, sodann musste der Besitzer des Tieres 30 Münzen Strafe zahlen. Die 30 hat somit im Neuen Testament eine erniedrigende Geschichte. – Eine plausible, aber, wie immer bei religiösen Zeugnissen, nicht erschöpfende Erklärung.

Eine weitere Erklärung ist vermutlich die 30 selbst, dass mit dem Verrat und dem Martyrium, das ihm folgt, die höhere Stufe des christlichen Daseins, das den Tod mit einschließt, eingeläutet wird.

René Descartes
Jan Vermeer van Delft
Marin Marais
Ludwig Tieck
Franz Schubert
Henri Matisse
Maria Montessori
Melitta Bentz
Max Pechstein
Alexander Aljechin
Margarita Woloschin
Adolf Grimme
Erna van Deventer-Wolfram
Marie Luise Kaschnitz
Simon Wiesenthal
Primo Levi
Norman Mailer
James Krüss
Woody Allen
Kenzaburō Ōe
Philip Glass
Joanne K. Rowling

die Zahl der Vermittlung

Nerven sind höhere Wurzeln der Sinne.

Novalis
Sämtliche Schriften, Fragmente

Jedes Jahr sind es in Deutschland über tausend Menschen, die von einer Verletzung des Rückenmarks betroffen sind. Meistens durch einen Sturz oder einen Verkehrsunfall kommt es zu einem Bruch eines oder mehrerer Wirbel. Daraufhin wird der fingerdicke Nervenstrang im Wirbelkanal gequetscht oder schlimmer noch getrennt. Die Folgen sind fatal. Neben der Stärke einer solchen Quetschung hängt dann viel von der genauen Position der Läsion ab, denn zwischen allen Wirbeln verlässt jeweils ein Nervenpaar den Rückenmarkskanal, um Organe und Muskeln zu inervieren. Nun besitzt der Mensch sieben Halswirbel, zwölf Brustwirbel, fünf Lendenwirbel und fünf Kreuzbeinwirbel. Vor und zwischen diesen 29 Wirbeln löst sich ein sogenannter Spinalnerv aus dem mehrere Millionen umfassenden Nervenstrang des Rückgrats. Zu diesen 30 Nervenpaaren, die aus dem Rückenmark treten, um Organe und Muskeln zu erreichen, kommt im Steiß, wo fünf weitere Wirbel miteinander verwachsen sind, noch ein letzter Spinalnerv hinzu. Insgesamt sind es damit 31

Nervenpaare, die zwischen Organen, Muskeln und dem Gehirn die Verbindung gewährleisten. Kommt es zu einer Schädigung der Kreuzbeine, so sind nur die letzten zwei oder drei Spinalnerven beeinträchtigt. Es kommt zu keiner Lähmung, nur die Verdauung ist beeinträchtigt. Zwischen den höher gelegenen Lendenwirbeln wandern die Spinalnerven in die Beine und Füße, sodass eine Verletzung in diesem Bereich, je nach Wirbel, die Fußmotorik, das Knie oder sogar die Oberschenkelmuskulatur und Hüftbewegung betreffen kann.

Zwischen den Brustwirbeln liegen diejenigen Spinalnerven, die die Rumpfstabilität und Temperaturregulation steuern, sodass eine Verletzung dieser Wirbel weitaus schwerwiegender ist und ein aufrechtes freies Sitzen beeinträchtigt. Es zählt nun jeder Wirbel, denn zwischen den obersten Brustwirbeln und unteren Halswirbeln laufen die Spinalnerven für Arm, Hände und Finger. Die obersten drei Halswirbel umschließen die Nerven, die für die Kopfbewegung und die Atmung verantwortlich sind, sodass hier bei einer Verletzung höchste Lebensgefahr besteht.

Manchmal gibt es das Glück im Unglück. Ein Motorradfahrer war auf der Berliner Stadtautobahn abgedrängt worden und flog von seinem Motorrad in einen Wald am Straßenrand. Dabei durchtrennte er mit dem Rücken einen armstarken Baum. Als ein Feuerwehrmann den reglos liegenden Motorradfahrer anheben wollte, rief ein Sanitäter ihm zu, er dürfe ihn keinesfalls bewegen. Dieser hatte den durchtrennten Baum gesehen und vermutete einen Bruch in der Wirbelsäule. In einem solchen Fall kann die kleinste Bewegung die ungeschützten Nerven verdrillen oder weiter quetschen.

So wurde die Wirbelsäule erst fixiert und anschließend ein Tuch unter den Körper gezogen, um ihn ohne Erschütterung anzuheben. Die spätere Diagnose zeigte, dass ihn diese Sorgfalt vor dem Rollstuhl bewahrt hatte.

Mit den 31 Spinalnervenpaaren gewinnt das Gehirn seine Beziehung zum Körper. Diese Nerven sind die 31-gliedrige geistige Verbindung zwischen dem Gehirn als Zentrum und den Organen und Muskeln als Peripherie des Menschen. Findet man weitere Indizien für die 31 als Zahl des Verbindens? Sie ist die elfte Primzahl und steht damit an der Schwelle zum vollständigen Kreis der ersten zwölf Primzahlen. Außerdem ist sie die Summe der ersten fünf verdoppelten Zahlen $1 + 2 + 4 + 8 + 16 = 31$ und die Summe der ersten drei Fünferpotenzen $5^0 + 5^1 + 5^2 = 31$. Die 31 trägt somit verschiedene Zahlenprozesse in sich. Vielleicht ist es diese Eigenschaft, die die 31 dazu fähig macht, die Prozesse in den Organen mit denen des Gehirns zu vermitteln.

Weiterführende Literatur

Friedrich v. Andrian: *Die Sieben im Geistesleben der Völker*, Mitteilungen der Anthropologischen Gesellschaft in Wien, 1901 (Band 31).

Erich Bischof: *Mystik und Magie der Zahlen*, Köln 2004.

Ernst Bindel: *Die geistigen Grundlagen der Zahlen. Die Zahl im Spiegel der Kulturen – Elemente einer spirituellen Geometrie und Arithmetik*, Stuttgart 2003.

Annemarie Schimmel, Franz Carl Endres, *Das Mysterium der Zahl. Zahlensymbolik im Kulturvergleich*, München 2005.

Reiner Flindt: *Biologie in Zahlen,* Heidelberg 2003.

Georges Ifrah: *Universalgeschichte der Zahlen,* Köln 1998.

Konrad Kunsch: *Der Mensch in Zahlen,* Berlin 2000.

Karl Menninger: *Zahlwort und Ziffer,* Göttingen 1979.

Jules Silver: *Numerologie,* München 2001.

Godfrey Hardy und Edward Wright: *Einführung in die Zahlentheorie*, Oldenburg 1958.

falter | Wege der Seele – Bilder des Lebens

30 | **Der siebenfache Flügelschlag der Seele**
Leben mit dem Rhythmus der Woche
von Wolfgang Held

31 | **Finde dich neu**
Sechs Stufen zu einem kreativen Leben
von Michael Lipson

32 | **Vier Minuten Sternenzeit**
Leben mit den kleinen und großen Rhythmen
von Wolfgang Held

33 | **Oktaven der Liebe**
Sieben Motive der Begegnung
von Dorothea Rapp

34 | **Lebenskunst als Lebenskraft**
Vom schöpferischen Umgang mit der Freiheit
von Mario Betti

35 | **Der Sternenhimmel der Vernunft**
über den Weg der zwölf Weltanschauungen
von Corinna und Ralf Gleide

Verlag Freies Geistesleben
Bücher für den Wandel des Menschen

falter | Wege der Seele – Bilder des Lebens

36 | **Leben mit dem Leben**
Zwölf Einsichten für die persönliche Entwicklung
herausgegeben von Jean-Claude Lin

37 | **Hetze und Langeweile**
Die Suche nach dem Sinn des Lebens
von Olaf Koob

38 | **Leben mit dem Schmerz**
von Iris Paxino

39 | **Fülle der Nacht**
Vom Geheimnis unseres Schlafes
von Olaf Koob

40 | **Engel**
und ihre finsteren Brüder
von Johannes W. Schneider

41 | **Unser Leben – unser Schicksal**
Sich selber näher kommen
von Johannes W. Schneider

Verlag Freies Geistesleben
Bücher für den Wandel des Menschen